_____ 님께

모든 꿈과 행운의 주인이 되시길 바라며

_____ 드림

보이지
않는
힘

주느비에브 베런드 지음
이순영 옮김

보이지 않는 힘

Your Invisible Power

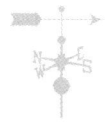

온 | 우주를 | 내게 | 끌어당기는 | 법칙

북하우스

∷ 서문

 사람들에게 소망을 이루는 길을 열어주고 싶었다. 나아가 소망을 이루려고 노력하는 과정에서 두려움은 완전히 없애야 함을 알려주고 싶었다. 그래서 나는 이 책을 썼다.
 근본적으로 우리가 뭔가를 이루고자 하는 것은 당연히 완전한 자유를 갈망하기 때문이다. 예를 들어, 우리가 돈과 땅과 친구를 더 많이 갖고 싶어하는 것은 그런 것들을 갖게 되면 더 큰 자유와 행복을 얻으리라 확신하기 때문이다.

 뭔가를 소유하려고 노력할 때, 궁극적으로 필요한 것은 언제나 '최고의 자아'가 되는 일임을 알아야 한다. 그러면 소유에 관해 지금껏 지녀왔던 생각이 순전한 오해라는 사실도 이해하게 된다. 많이 소유할수록 만족스럽고 행복해진다는 생각은 잘못이다. 어떤 사람도, 어떤 장소도, 그 어떤 것도 자체로 우리에게 행복을 가져다줄 수는 없다. 행복과 만족감의 원인을 줄 수 있을 뿐이다. 삶의 기쁨은 우리 내부에서 온다. 그러므로 나는 무엇보다 이런 말을 해주고 싶다. 기쁨에 넘치는 삶을 소망한다면, 우선 우리를 기쁘게 하는 것들을 얻으려 노력하라고.

그런 의미에서 나는 이 책이, 시각화(소망을 마음속에 그리는 것)의 법칙을 이해하고 어떤 수준에서든 시각화에 대한 지식을 실제로 적용하고자 끊임없이 노력하는 모든 사람에게 수많은 가능성을 제시해주기를 바란다. 내가 이 책에서 사용한 '노력'이라는 말은 '부담'을 의미하는 게 아니다. 무엇을 하든 부담이나 긴장은 없어야 한다.

나는, 소망을 마음속에 그려보며 현실로 창조하고자 한다면 그에 따르는 결과들이 반드시 나타난다는 사실을 보여주려고 노력했다. 우주의 법칙은 변할 수 없다. 그리고 이 법칙들이 특정한 조건에서 작용할 때 우리는 더 나은 삶을 누릴 수 있다. 이런 결과는 우리 자신이 자연의 법칙을 의식적으로 사용하지 않으면 얻어질 수 없다.

나는 이 책에서 시각화를 통해 얻어지는 수많은 가능성을 설명했다. 우리는 시각화로 인해 과거의 경험에서 자유로워질 수 있다. 그렇다고 해도 원인과 결과라는 법칙의 연속성은 깨지지 않는다.

이 책을 읽고 누군가 자신의 마음은 '존재하는 모든 힘'이 작용하는 중심임을 깨닫고 그 힘이 소망을 이루어줄 방향으로 작용하리라 믿게 된다면, 내가 바란 역할은 해낸 셈이다.

우리가 마음속으로 그려보는 소망 그림은 우주의 마음에 반영되고, 상호작용이라는 자연의 법칙에 따라 영적 형태든 물리적 형태든 우리에게 반드시 되돌아온다는 사실을 기억하기 바란다. 개인의 마음과 우주 마음 사이에 이루어지는 상호작용의 법칙을 알게 되면 소유하기를 원하거나 존재하기를 원하는 모든 것으로 자유롭게 다가가는 길이 열린다.

우리가 소망의 그림을 마음속에 간직하는 데 필요한 힘을 '삶의 모든 것을 창조하는 우주의 영'인 하나님으로부터 얻었으며, 이 힘은 그것을 처음 만든 영의 본성에 맞게 사용되고 유지될 때만이 긍정적인 창조를 이룰 수 있음을 깨달을 때, 이 책의 내용은 비로소 명확한 진리가 된다. 우주의 '창조하는 영'과 우리의 관계는 자녀를 통해 행동하고 반응하는 부모와의 관계와 같다는 사실을 의심하지 말아야 한다.

　'창조하는 영'은 우리가 스스로에 대해 생각하고 느끼는 그대로를 충실하게 만들어낸다. 바로 이런 이유 때문에 자신의 존재와 일을 바라는 모습 그대로 마음속에 그리고(비록 육체적인 눈으로는 볼 수 없지만) 그 그림 속에서 살아야 한다. 또한 우리 마음은 '창조하는 영'이 작용하는 중심임을 늘 기억해야 한다. 그럴 때 이 세상에서 가장 좋은 그 무엇은 어떤 식으로든 우리 소유가 된다.

1921년 9월
주느비에브 베런드

차례

서문   5

시각화의 효과   11
바라는 것을 끌어들이는 방법   17
정신적 형태와 물리적 형태의 관계   23
심상화   27
시각화의 예   39
소망 그림 그리기   45
기억할 것들   49
내가 정신과학을 배운 동기   53
2만 달러를 끌어오다   61
위대한 정신과학자의 유일한 제자가 되다   69
말이 현실로 되다   83
믿음을 키우는 방법   87
믿음이 커지면 받는 보답   89
자연이 보내는 응답   93
믿음으로 실행하면 이루어진다   95
이미 받았다는 믿음으로 구하라   101
잊지 말아야 할 것들   113

옮긴이의 말 | 내 안에 사는 즐거움   117

시각화의 효과

시각화를 연습하면 마음이 늘 평온해지고, 삶을 좀 더 행복하게 만드는 데 필요한 것들을 차례로 끌어들일 수 있게 된다. 또한 소망을 의식적으로 마음속에 그려보고 그 소망을 주의 깊게 살펴보는 연습을 하다 보면, 생각과 소망이 이전보다 더 질서정연하게 전개된다. 마음이 정돈되는 단계에 이르면 끊임없이 마음속으로 허둥대는 일은 없어진다. 허둥대고 서두르면 두려움이 생기고 끝내는 파멸하고 만다.

다시 말해, 소망을 시각화하고 그 소망을 확고한 의지를 갖고 간직한다면, 끌어당김의 법칙을 통해 소망을 이루는 데 꼭 필요한 모든 것을 끌어올 수 있다. 질서는 하늘의 으뜸가는 법칙이며 시각화는 만물을 본래의 상태에 놓는 것이다. 그러므로 시각화는 분명 신성한 작용이다.

모든 사람이 알게 모르게 시각화를 행한다. 시각화는 성공에 이르는 가장 위대한 비밀이다. 시각화라는 위대한 힘을 자신의 의지로 사용할 수 있다면 엄청나게 확대된 능력과 지혜가 생기고 미처 몰랐던 자신의 장점을 사용할 수 있게 된다.

오늘날 사람들은 하늘을 날 수 있다. 자연의 법칙을 바꿀 수 있게 되어서가 아니라, 비행기를 발명한 사람이 자연의 법칙을 이용하는 방법을 알아낸 다음 그것을 질서 있게 사용하여 원하는 결과를 만들어냈기 때문이다. 자연의 힘은 태초 이래 전혀 변하지 않았다. 아주 옛날에는 비행기가 없었다. 하지만 이는 그 시대 사람들이 비행기라는 개념을 완전히 불가능한 것으로 생각했기 때문이다. '아직 이루어지지 않았다'는 이유로 '이루어질 수 없다'고 생각한 것이다. 하지만 비행기가 만들어지기 위한 법칙과 요소는 지금과 마찬가지로 당시에도 분명 존재했다.

토머스 트로워드(Thomas Troward)는, 비행기와 무선 전신에서 자신이 배운 가장 큰 교훈을 이렇게 말했다. 전례가 어떠하든 근본 원리는 변하지 않으며, 과거의 모든 경험이 보여주는 증거가 어떠하든 기본 개념은 작용하여 필연적인 결과를 만들어낸다는 것이다.

우리 앞에 엄연히 존재하는 실례들을 보면서도 더 위대한 비밀들이 드러날 수 있다는 사실을 깨닫지 못하겠는가? 그리고 소망이 들어 있는 마음속 비밀의 방 열쇠는 우리 안에 있다는 사실 또한 알지 못하겠는가? 이 열쇠를 이용해 삶을 바라는 모습 그대로 만들고 싶다면, 눈에 보이는 모든 외적 상황 이면에 있는 보이지 않는 이유들을 세심하게 관찰하기만 하면 된다. 그런 다음 이 보이지 않는 원인들을 이해한다면, 당장은 그저 허황된 꿈처럼 보이는 일도 현실로 만들 수 있다.

기구가 비행기의 시초라는 것은 누구나 다 아는 사실이다. 1766년 물리학자이며 화학자였던 영국 귀족 헨리 캐번디시는 수소가 공기 무게의 7분의 1에 불과하다는 사실을 증명했다. 그 결과 기구가 발명되고, 그것을 토대로 조종이 가능한 궐련 모양의 비행선이 나왔다. 항공학이 발달하면서 새와 발사체의 비행 법칙을 기초로 더욱 진화한 비행 수단이 구상되었다. 엄청난 속도를 유지해 그 추진력으로 중력의 법칙을 극복하고 공기보다 무거워도 날거나 떠 있을 수 있는 비행체였다.

랭글리 교수는 훗날 많은 학자가 발전시킨 이론의 토대를 마련한 인물이다. 그는 유인 비행체를 개발했지만 시험비행 중 포토맥 강에 추락하는 바람에 사람들의 비웃음을 당해야 했다. 하지만 그로부터 불과 몇 개월 후에 라이드 형제는 가스주머니를 달지 않은 기계로도 하늘을 날 수 있음을 입증했다. 그들은 이런 형태의 운송 수단을 아주 편리하게 타고 다니는 자신들의 모습을 그려보았다. 여러 차례의 실험에서 생각대로 결과가 나오지 않자 그중 누군가가 다른 형제에게 이렇게 얘기했다고 한다.

"뭐, 괜찮아. 그 기계를 타고 편안하고 안전하게 다니는 내 모습을 그려볼 수가 있거든."

라이트 형제는 자신이 무엇을 원하는지 알았고, 그 소망의 모습을 끊임없이 그려본 것이다.

시각화(소망을 마음속으로 그려보는 일)는 자연의 법칙을 거스르는 것이 아니며 오히려 자연의 법칙을 실현하는 일이다. 시각화란 정신적으로나 물리적으로 사물에 존재 질서를 부여하는 일이다. 창조의 힘을 발휘하는 이 시각화를 통해 소망들이 실제로 하나씩 하나씩 이루어짐을 알아차리면, 우리가 말을 하거나 마음속에 소망을 그릴 때 강력한 힘을 발휘하는 그 신비하면서도 절대 확실한, 끌어당김의 법칙을 비로소 믿게 될 것이다.

끌어당김의 법칙을 거스를 수 있는 힘이란 없다. 더이상 다른 사람에게서 뭔가 얻어야 할 필요는 없다. 바라고 구하면 분명 얻을 것이며 찾을 것이다. 오직 마음속으로 소망을 그려보면서 만들어놓은 생각의 틀에 우주라는 가소성 물질을 흘려보내기만 하면 된다.

바라는 것을 끌어들이는 방법

우리 내면의 힘, 바라는 것들을 마음속에서 그려보게 해주는 그 힘이 모든 존재의 시작이다. 그 힘은 원래 아무런 특징도 형태도 없는 물질이다. 우리의 생각 그림이 어떤 틀을 만들면 형태가 없던 이 물질은 그 틀에 따라 비로소 모양을 띤다. 시각화는 우리 내면에 응축되어 존재하는 특별한 힘이다. 환등기의 렌즈에 비유해보자. 상을 비추는 기능을 설명하기에 환등기만큼 좋은 물건은 없다.

우리 마음속에 있는 소망 그림은 환등기의 슬라이드와 같다. 우리가 의지라는 불을 밝힐 때까지는 마음이라는 환등기 안에 잠들어 있다. 그러다가 우리가 내부에 존재하는 '창조하는 영'에게 절대적인 믿음을 갖고 소망이라는 불을 밝히면 비로소 모습을 드러낸다. 의지라는 불이 영혼으로 서서히 흘러 들어가면, 우리 마음속의 그림이 물리적인 세상의 화면에 투사된다. 환등기의 슬라이드와 똑같은 그림이 맞은편 화면에 나타나듯, 우리 마음에 숨어 있던 소망이라는 그림과 똑같은 모습이 세상의 화면에 나타난다.

확고한 의지로 소망 그림을 방해하는 모든 생각과 느낌을 떨쳐버리지 않은 채 시각화를 한다면 불을 켜지 않고 환등기를 작동하려 하는 것만큼이나 무의미하다. 아주 단단한 의지로 소망 그림을 생각과 느낌 속에 간직하고, 우리 생각 속에는 바라는 바를 끌어들이는 위대한 힘이 있다는 사실을 확신하며, '만약'이라는 가정을 하지 않는다면, 최고의 성능을 가진 환등기에 슬라이드를 끼워 넣은 것처럼 우리 마음의 그림은 물리적 세상이라는 화면에 또렷하게 투사된다.

의지가 확고하지 않으면, 불을 끊임없이 이리저리 움직이면서 환등기 그림을 투사할 때처럼 흐릿한 화면밖에 나타나지 않는다. 강렬한 불빛을 환등기 뒤에서 일정하게 비춰야 하듯, 강하고 확고한 의지를 마음속의 소망 뒤에서 언제나 비춰 줘야 한다.

마음속에 소망의 그림을 그리고 기꺼이 그 힘을 확신한다면 믿음이라는 아주 강력한 자석을 얻는다. 그 무엇도 자석의 힘을 없앨 수는 없다. 이제 우리는 어느 때보다도 행복하다. 원하는 것을 어디에서 얻는지 알게 되었고, 그 방향으로 나아갈 때 틀림없이 응답을 얻을 수 있기 때문이다.

누구나 행복을 바란다. 시각화를 통해 우리는 인생에서 더 많은 것을 얻을 수 있다. 우리 앞에는 무한한 가능성이 언제든 열려 있다.

예전에 어느 사업가에게서 시각화에 대한 얘기를 들은 적이 있다. 그는 매일 몇 분씩 시간을 정해 시각화를 하면서 자신이 바라는 만큼 사업 규모가 확장되는 그림을 마음속으로 그려보았다. 그랬더니 불과 6개월 만에 사업 규모가 두 배 이상으로 커졌다. 그는 매일 아침식사 전에 방에 들어가 전날 저녁의 사업 상태를 떠올린 다음 마음속으로 규모를 확대했다. 이런 식으로 엄청난 성공을 거둘 때까지 소망을 계속 키워나갔다. 또 그는 바라는 일을 사무실에서 하고 있는 자신의 모습을 그려보곤 했다. 직업 특성상 매일 낯선 사람들을 만나야 했는데, 사람들을 만나 그들의 요구를 이해하고 상대가 원하는 대로 들어주는 자신의 모습을 마음속에 그려보기도 했다. 이런 습관 덕에 믿을 수 없을 정도로 의지가 강하고 굳건해졌다. 뿐만 아니라, 일이 어떤 식으로 이루어지면 좋을지를 마음으로 그리다 보니 어떤 창조의 힘이 그의 작은 세상을 발전시키려는 목적으로 그를 위해, 그리고 그를 통해 발휘되고 있다는 분명한 느낌도 갖게 되었다.

처음으로 진지하게 시각화를 시작할 때, 흔히 하는 생각이 있다.

'누군가 다른 사람이 나와 같은 시각화를 하면 내 목표는 무산되는 것 아닐까?'

이런 쓸데없는 걱정은 할 필요가 없다. 우리가 시각화를 하며 마음속에 그림을 그릴 때 우주의 창조하는 힘은 우리의 목적에 맞게 작용한다는 사실을 기억하라. 그러니 분명히 말하는데, 그 누구도 우리의 목적을 방해할 수는 없다. 이런 일은 불가능하다. 우주의 법칙은 조화라는 기본 원칙에 따라 작용하기 때문이다. 소망의 그림을 그려보는 것은 우주의 마음이 '주도와 선택'이라는 본래의 힘을 분명하게 발휘하는 것임을 잊지 말라.

하나님, 즉 우주의 마음은 인간을 통해 스스로를 드러낸다는 특별한 목적을 가지고 인간을 만드셨다. 존재하는 만물은 바로 이 하나의 목적에 따라 만들어졌다. 우리가 지니는 관념, 마음속의 그림이 이 세상에 존재하는 만물의 시초가 된다.

우주를 만든 위대한 건축가는 자신과 완전히 대립되는 것, 즉 물질을 통해 그 스스로가 드러난다고 생각했다. 이런 생각이 확대되고 투사된 결과 우리는 각자 하나의 세계를 갖는다.

많은 사람이 이렇게 묻는다.
"도대체 왜 시각화가 필요하지?"
식어야 단단해지는 것이 왁스의 성질이고 공기 중에 노출될 때 딱딱하게 굳는 것이 소석고의 성질인 것처럼, 무작정 행동하기보다는 방향을 줄 때 구체화되는 것이 무언가를 창조하는 물질의 본성이기 때문이다. 우리가 마음속에 그리는 그림은 이런 '신성한 물질'로 이루어져 있다. 이 유동성 물질은 '신성한 힘'이 작용하는 개개의 중심, 즉 우리의 마음에 따라 특정한 형태를 띤다. 이 과정을 막을 수 있는 힘은 존재하지 않는다. 완전하게 작용하는 것이 '창조하는 영'의 본성이며, 관념은 형태를 띠기 위한 매개물을 만들고 나서야 비로소 완전해진다.

마음속의 소망 그림이 구체적인 물질의 형태로 나타나는 것을 막을 수 있는 것은 그 그림을 만든 힘, 바로 우리 자신 말고는 없다. 우리가 방을 정돈하고 싶어한다고 가정해보자. 방을 둘러보면 상자, 벽장, 선반, 걸쇠 등이 눈에 들어온다. 이 모든 것은 정돈이라는 생각이 구체화하는 매개체가 된다. 이러한 매개체를 통해 정돈과 조화라는 관념이 구체적인 형태를 띤다.

정신적 형태와
물리적 형태의 관계

시각화를 탐탁해하지 않는 사람들은 이렇게 말한다. "그건 지나치게 물질적이야."

하지만 영이 자신을 개체로 인식하려면 물질적 형태가 필요하다. 그리고 물질적 형태는 창조 과정이 이루어지는 수단이다. 그러므로 물질은 환영이나 허상이 아니라 영이 자신을 드러내는 매개체다.

길고 지루한 학문적 이론을 나열해 시각화의 수수께끼를 밝히거나 시각화의 이론적 근거를 제시하지는 않겠다. 당연히 이 과정은 각자 나름의 방식으로 알아가게 될 것이다. 나는 그저 내가 아는 가장 수월한 길을 알려주고 싶을 뿐이다.

그 길은 트로워드가 내게 알려준 길이기도 하다. 시각화에 대해 꼭 알아두어야 할 사실은 이것뿐이다. 시각화는 분명하고 이해하기 쉬운 법칙에 의해 지배되며 반드시 형태를 띤다.

사람들은 자신이 알고 있는 것보다 더 큰 힘과 더 많은 가능성을 가지고 있으며, 그중 하나가 바로 시각화다. 시각화로 인해 우리는 수많은 가능성을 눈으로 볼 수 있다. 우주가 존재하는 것은 우주의 마음의 결과며, 이 우주의 마음이 모든 개개인의 마음을 일반적으로 통일된 행동에 따라 움직이게 해 모든 것을 환영이 아닌 실체로 만들어낸다. 이 말을 숙고해보면 구체적인 물질의 형태는 창조 과정에서 절대적으로 필요하며 '물질은 환영이 아니라 삶이 구체적인 모습을 띠는 데 필요한 매개체'임을 깨달을 것이다.

정신과 완전히 반대되는 개념으로 질서정연한 상태의 물질을 생각할 때 이 둘 사이에는 어떤 대립도 존재하지 않는다. 오히려 이 두 가지가 함께 조화를 이루어 전체를 만든다. 이런 사실을 이해할 때, 시각화를 하는 동안 우리가 원인에서 결과까지, 시작에서부터 끝까지 움직이고 있음도 알게 된다.

실제로 심상화란 '창조하는 영'을 특별한 목적에 맞게 움직이는 일이다.

사람들은 태양계를 형성하는 원료가 우주 전체에 분포되어 있다는 것을 순수하게 학문적인 견지에서 몇 시간이고 설명하곤 한다. 그런데 조사에 따르면, 천체에 수백만 개의 항성이 점점이 박혀 있다고 해도 별이 전혀 탄생하지 않는 공간이 존재한다. 이것이 사실이라면, 어떤 장소에서는 별이 생겨난 반면 원료를 똑같이 사용할 수 있는 다른 장소에서는 그렇지 않았다는 얘기가 된다. 얼핏 생각할 때, 우주 에너지는 에테르 입자에서 발생하는 것처럼 보인다. 하지만 좀더 연구해보면, 우주 전체에 균등하게 분포된 매개체에서 이런 일은 엄밀히 말해 불가능하다. 왜냐하면 그 입자들은 모두 평형 상태에 있기에, 어떤 입자도 무언가를 만들어내는 힘을 다른 입자보다 더 많이 갖지 못하기 때문이다.

그러므로 최초의 운동이 제1실체의 입자들을 통해 이루어진다고 해도 입자 그 자체에서 발생하는 것은 아니다. '창조하는 영'에 대해서도 이와 똑같이 얘기할 수 있다. 우주의 물질을 존재하게 한 바로 그 힘이 우리의 생각이나 심상에도 작용해 물리적인 형태를 띠도록 한다. 우주든 우리 마음이든 그 힘의 종류에는 차이가 없다. 규모의 차이만 있을 뿐이다. 힘과 물질은 본질적으로 같다. 우리가 심상을 만들 때 그 힘은 창조 에너지를 우주라는 범위에서 우리 개인의 범위로 바꾸며, 우리 마음이라는 특정한 중심에서도 틀림없는 방식으로 작용한다.

심상화

심상화는 광역 전화망에 비유할 수 있다. 중앙전화국에서 여러 개의 지국이 갈라져 나오고, 각 지국은 그 근원인 중앙전화국과 직접 연결되어 있다. 지국은 모든 사항을 본부인 중앙전화국에 보고한다. 도움이나 물자 지원, 골치 아픈 수리가 필요할 경우 즉시 중앙전화국에 알리는 것이다. 같은 조직에 속해 있다고 해도 중앙전보국에 문제점을 보고하지는 않는다. 중앙전화국만이 그 해결책을 제시해줄 수 있음을 알기 때문이다.

우주 마음의 개별 지국이라 할 수 있는 우리도 이와 똑같은 확신을 갖고 어려움이 있을 때마다 근원에 맡기며 거기에서 제공해주는 해결책을 받아들여야 한다. 그렇게 할 때 "구하라, 그러면 얻으리라"라는 예수님 말씀의 의미를 알게 될 것이다. 우리가 필요로 하는 것은 무엇이든 충족될 것이다. 아버지는 자녀에게 필요한 것을 주며, 나무줄기는 가지에 영양분을 공급하는 법이다.

생물이든 무생물이든 만물은 모습을 드러내지 않는 어떤 힘에 의해 이 세상에 존재하며 특정한 모습을 띤다. 심상을 만드는 힘, 그러니까 소망의 마음 그림을 만들어내는 영적 물질 또한 겉으로 드러나지 않는다. 그 힘은 육체적인 눈으로는 보이지 않는 곳에 있으면서 구체적인 모습을 띤 자신의 대응물을 세상에 투사한다. 사도 바울은 "이 세상 모든 것은 하나님의 말씀으로 창조되었다. 우리가 보고 있는 것들은 드러나 있는 것들에서 만들어지지 않았다"라고 했다. 이 말이 무슨 의미인지 아는 사람만이 시각화의 가치를 이해할 수 있다.

소망을 마음속으로 그려볼 때 그 소망은 구체적인 물질로 세상에 나타난다. 이 개념에는 이상하거나 애매한 부분이 전혀 없다. 보편적인 자연 법칙은 바로 이런 방식으로 작용한다. 우주 마음이 투사된 것이 이 세상이며, 인간의 마음이라는 각각의 지국에서도 이와 똑같은 작용이 일어난다. 세상 만물은 마음속에 그 기원을 두고 있고, 머리끝부터 발끝까지 아주 똑같은 방식으로 존재한다. 만물은 생각이 투사되고 구체적인 형태를 띤 결과 존재한다.

개인의 성장 역시 시각화의 능력에 좌우된다. 그리고 우리 자신은 특별한 중심이며, 그 중심을 통해 '창조하는 영'이 이미 내재한 잠재력을 새롭게 표현한다는 사실을 아느냐 모르느냐에 따라 시각화의 능력도 달라진다. 밖에서는 보이지 않지만 분명 존재하고 있는 것을 끊임없이 드러내는 일, 이것이 진정한 성장이다.

바라는 바를 마음속에 그리는 일은 창조하는 물질을 끄집어내고 결합해 특별한 모양을 만드는 힘, 다시 말해 원하는 것을 끌어당기는 힘을 갖는다. 말하자면 마음속에 그림을 그리는 일은 발전소의 역할과 같으며, 우리가 원하는 바를 만들어내는 '창조의 영'은 그 발전소를 통해 자신을 드러낸다.

'창조하는 영'이 행하는 창조 작용은 시작도 끝도 없이 무한하며 언제나 진보적이고 질서정연하다.

"창조는 단계적으로 진행되며, 각 단계는 뒤에 올 단계에 필요한 준비 과정이다."

세상 만물이 존재할 때 거치는 여러 단계에 대해 트로워드는 이렇게 말했다.

"모든 결과물을 만들어내는 작용의 원리를 이해한다면, 그 원리를 개인의 영역에도 아주 빠르고 수월하게 적용할 수 있다. 태초에 '창조하는 영'이 자신의 존재를 인식하자 최초의 에테르, 즉 우주의 원료가 만들어졌고 여기에서 세상의 모든 존재가 생겨났다. 존재를 인식하는 일은 더 많은 가능성을 이루기 위한 기초가 된다."

이는 개별적인 영, 즉 우리 자신의 경우에도 마찬가지다. 소망을 존재하는 현실로 그려본다는 개념을 받아들이기 전에 먼저 자신의 존재를 인식해야 한다. '내가 존재하고 있음'을 인식하는 순간 그 사실이 의미하는 자유를 만끽하고 싶어진다. 더 많은 것을 하며 더 근사한 존재가 되고 싶어진다. 그리고 내면에 존재하는 이런 소망을 실현하려 할 때 개별적인 영은 우리 안에서 의식적인 활동을 시작한다.

우리가 가장 관심을 갖는 것은 '창조하는 영' 다시 말해 개개인의 마음에 존재하는 우주 마음이 구체적으로 어떻게 작용하는가이다. 우리 안에 존재하는 개별화된 '하나님의 씨앗'은 우리의 개인성이 된다. '하나님의 씨앗'은 본성상 절대 자유의 즐거움을 추구한다. 그 결과 우리 개개의 존재, 다시 말해 '하나님의 씨앗'의 개별화된 중심을 통해 그 즐거움을 드러내려 한다. 그리고 우리는 하나님이 개개의 존재를 통해 스스로를 드러낸 것이 바로 우리임을 이해하며 성장하기 때문에, 그 성장 과정에서 자연히 하나님의 성향을 드러낸다.

누구든 삶과 자유를 누리고 싶어한다. 머릿속으로만이 아니라 실제 삶에서도 자유를 얻고 싶어한다. 그리고 당연히 그래야 한다. 이러한 소망이 커지면 예외 없이 마음속에 생각 그림이 희미하게 생겨난다. 우리의 바람과 인식이 강렬한 소망으로 변할 때, 비로소 우리 마음속에는 분명한 그림이 그려진다. 예를 들어, 음악을 공부하는 젊은 여성이 집에서 연습할 수 있도록 피아노를 한 대 갖고 싶어한다고 해보자. 피아노를 아주 간절히 원하면 집 안에 피아노가 놓여 있는 모습이 그려진다. 그 여성은 피아노의 모습을 마음속에 간직하면서, 거실에 피아노가 놓여 있다면 얼마나 기쁘고 편할지 마음속으로 그려보는 즐거움에 흠뻑 빠진다. 어느 날 마음속에 그리던 대로 거실에서 피아노를 보게 된다.

자신이 누구인지, 어디에서 왔는지, 존재하는 목적이 무엇인지, 존재의 목적을 어떻게 이루어야 할지를 점점 더 명확하게 이해할수록, '창조하는 영'이 작용하는 중심은 점점 더 확대된다. 그리고 단 하나의 창조 과정만이 존재해 세상에 충만하며, 우주든 개인이든 창조 과정은 그 잠재력에서는 같음을 알게 된다. 눈에 보이든 보이지 않든 존재하는 모든 것은 생각이나 심상이 작용하면서 시작되었고, 우리 또한 모든 것을 그렇게 창조하였다. 우리는 우주의 영이 개별화한 존재고, 우주에서와 똑같은 창조 작용이 우리를 통해 일어나기 때문이다.

그렇다면 왜 세상에는 그처럼 많은 질병과 불행이 존재하는가? 인간의 내면에서 작용하는 힘으로 세상이 존재한다면, 어째서 이 세상의 모습이 안정되고 즐거우며 건강하고 풍요롭지 못한가? 그저 소망을 마음속에 그리고, 의지를 가지고 소망을 간직하며, 의심이나 걱정을 하지 않으면 소망을 이룰 수 있다는 말이 사실이라면, 병과 빈곤이 존재해야 할 이유가 없어 보인다. 분명 아무도 그런 것을 소망하지 않았을 테니까.

그런데도 세상에는 병과 빈곤이 존재한다. 그 으뜸가는 이유는, 삶의 법칙들이 작용하는 원리를 사람들이 애써 알아보려 하지 않기 때문이다. 만일 그 법칙들이 어떻게 작용하는지 주의 깊게 살펴봤다면, 주변에서 목격하는 질병과 빈곤이 필연적 현상은 아님을 이내 알게 될 것이다. 그리고 시각화가 궤변이 아닌 분명하게 작용하는 원칙이라는 사실 또한 알게 될 것이다.

이것은 우리를 속박에서 구해줄 아주 확실하면서도 단순한 법칙이다. 이 법칙이 연구할 만한 가치가 있다는 사실을 이해하는 사람들도 있다. 하지만 사람들은 대부분 이런 연구에 필요한 시간을 기꺼이 내려고 하지 않는다. 이 법칙은 지나치게 단순해 보이거나 어려워 보인다. 하루이틀 정도는 시각화를 대충 알아보고 마음속에 소망을 그려보기도 한다. 하지만 대개는 한두 시간 해보다 그만둬버린다.

주변의 일이나 상황을 바라는 모습대로 마음속에 꾸준히 그리면, 어느새 생각이 향하는 방향으로 창조적 에너지가 가소성 물질을 흘려보내기 시작한다. 소망을 마음속에 그리면서 얻는 이점이 바로 이것이다.

마음속 그림에 더 많은 열정과 믿음을 불어넣을수록, 그림은 더 빨리 눈에 보이는 형태로 변한다. 그리고 소망을 비밀로 유지할 때 열정은 더 커지는 반면 다른 사람에게 말하는 순간 힘은 약해진다. 우리의 힘, 소망을 끌어당기는 자석은 그렇게 강하지 않기 때문에 아주 멀리까지 닿을 수가 없다. 우리의 마음과 외부의 자아 사이에 비밀이 더 완전하게 지켜질수록, 끌어당기는 힘에 더 많은 생명력을 줄 수 있다. 사람들이 고통을 입 밖에 내어 말하는 이유는 고통을 누그러뜨리고 마음에서 떨어내기 위해서다. 생각을 입 밖에 내어 말하면 생각의 힘도 흩어져버린다. 그냥 자신에게만 이야기하고, 종이에 그 내용을 쓰더라도 즉시 종이를 없애버려야 한다.

그렇다고 마음속의 소망 그림을 현실로 이루기 위해 있는 힘을 다 집중할 필요는 없다. 그렇게 해야 한다면 얼마 못 가 지쳐버리고 오히려 목적을 이루는 데 방해가 될 뿐이다. 부자 친척이 죽거나 누군가가 길거리에서 돈을 잃어버려야만 마음속으로 그리던 1만 달러를 손에 쥘 수 있는 것은 아니다.

내가 살던 건물의 어느 경비원은 우리 집을 드나드는 손님들에게서 소망의 시각화에 대해 여러 번 들었다. 그는 5달러 정도면 그려보기 적당한 금액이라 생각하고는, 그 돈을 어떻게 얻게 될지 생각하지 않고 시각화를 시작했다. 잠시 후에 방에 있던 내 앵무새가 창문 밖으로 날아가는 바람에 나는 마당에 있던 사람들에게 연락해 앵무새를 잡아달라고 부탁했다. 그 사람들 중 한 명이 앵무새를 잡는 순간 그만 손가락을 물리고 말았다. 하지만 이 관리인은 장갑을 끼고 있었으므로 다칠 걱정 없이 앵무새를 잡아서 내게 가져다주었다. 나는 그 보답으로 그에게 1달러짜리 지폐 다섯 장을 주었다. 그는 생각지도 못한 돈이 생기자 놀랐다. 그러면서 다른 사람들에게 시각화에 대한 이야기를 듣고 자신도 5달러에 대해 시각화를 해보았노라고 흥분해서 말했다. 그는 마음속으로 그려본 소망이 뜻하지 않게 이루어지는 것을 보고 굉장히 기뻐했다.

우리가 할 일은 간절한 소망을 마음속으로 그려보고, 의지를 갖고 소망을 기꺼이 간직하며, 우주를 존재하게 한 무한한 힘이 우리 안에 깃들여 우리를 통해 즐길 목적으로 우리를 존재하게 했다는 사실을 늘 의식하는 것뿐이다. 그 힘은 생명이고 사랑이고 빛이고 힘이고 평화고 아름다움이고 즐거움이며, 또한 유일하게 존재하는 창조의 힘이다. 우리의 생각이 어떤 방향을 향하느냐에 따라 그 힘은 다른 형태를 띤다. 우리 안에서 작용하는 그 힘은 자신을 드러낼 목적을 위해 만든 매개체를 통과하며 방향이 주어지길 기다린다.

우리가 생각을 한 방향에서 다른 방향으로 바꿀 때, 각자의 마음에서 작용하는 우주의 힘은 생각 속에 들어 있는 유동성 물질에 일정한 방향을 부여한다. 시각화를 통해 이렇게 아주 민감한 가소성 물질에 형태를 부여하는 것은 세상에서 가장 간단한 일이다. 누구든 약간의 노력만 기울이면 할 수 있다.

우리 마음은 이 세상에 존재하는 모든 가소성 물질이 형태를 띠는 중심이다. 하지만 그럼에도 불구하고 마음속 소망이 물질로 나타나지 않는 때가 있다. 그 이유는 단 한 가지, 기본 원칙을 어겼기 때문이다. 소망 그림이 구체적인 현실로 나타나지 않는 원인은 우리가 소망 그림을 자주 바꾸기 때문일 경우가 많다. 소망 그림을 여러 차례 바꾼 후에야 우리는 처음 그림이 원래 소망했던 것이라 결정한다. 그러면서 왜 '처음 그렸던 그림이 현실로 나타나지 않는지' 궁금해한다. 우리 마음속의 가소성 물질은 가장 민감한 사진 필름보다 더 민감하다. 한 장의 필름으로 연속해서 두 장의 사진을 찍는다면 그 두 장 모두 제대로 나올 리가 없다.

어쩌다 한 장의 필름으로 두 장의 사진을 찍었다고 할 때, 사진이 잘못 나왔다고 해서 촬영 기술 탓을 하거나 사진이 제대로 나오지 않은 이유를 몰라 당황하지는 않는다. 그리고 그 피사체를 찍으면 선명하고 질 좋은 사진을 얻을 수 없다고 생각하지도 않는다. 당연히 새로 필름을 끼우고 다음에는 좀더 주의를 기울이면 좋은 사진을 얻을 수 있을 거라고 생각한다. 그리고 실제로 그렇게 한다면 분명 만족스러운 결과를 얻는다. 마음속에 소망 그림을 그릴 때도 이와 똑같은 태도를 가진다면 분명 완벽한 결과를 얻을 것이다.

시각화의 법칙은 사진을 다루는 법칙만큼이나 확실하다. 다시 말하자면, 사람이나 상황에 따라 소망이 이루어질 수도 있고 아닐 수도 있다는 생각을 하면서 시각화의 힘을 잘못 사용한다면 시각화의 결과가 불완전하게 나타나거나 지체된다. 창조의 원칙은 사람이나 장소, 사물에 따라 달라지는 법이 절대 없다. 과거도, 미래도 창조의 원칙에 영향을 미치지 못한다.

창조의 원칙은 '보편적이고 영원하며' 작용하는 데 필요한 매개체를 스스로 만들어낸다. 그리고 과거의 경험은 현재의 소망 그림과 아무 관련이 없다. 그러니 설령 합리적인 방법처럼 보인다고 해도 자연스럽게 느껴지지 않는 경로를 통해 소망을 이루려고 애써서는 안 된다. 간절히 소망하는 일이나 마음 상태는 정상적이고 자연스러우며, 우리의 일부이고, 우리의 발전을 위해 필요하다는 느낌이 들어야 한다. 이렇게만 할 수 있다면 당장 바라는 것이든 다른 소망들이든 이루어지게 되어 있으며, 그 즐거움을 방해할 힘은 존재하지 않는다.

시각화의 예

"시각화는 강력한 힘을 지닌 알라딘의 램프와 같다." 이 사실을 인식하고 삶에 적용한 사람들은 얼마든지 있다. 1870년 프로이센-프랑스 전쟁을 치르는 동안 프랑스의 패배에 통분했던 포슈 장군은, 프랑스 군대를 이끌고 독일에 대항해 승리를 거두는 자신의 모습을 아주 강렬한 느낌을 가지고 그려보았다고 한다. 그 모습을 마음속으로 그리면서 파이프를 물고 기다린 것이다. 이는 시각화와 관련해 꽤 알려진 일화이기도 하다.

어느 유명 여배우는 날씬해진 자신의 모습을 마음속으로

끊임없이 그려본 결과 엄청난 체지방과 몸무게를 줄였다는 내용으로 유력 주간지에 상세히 기고하기도 했다.

뉴욕에서 강연을 할 때, 어느 의사의 아내로부터 아주 재미있는 편지 한 통을 받았다. 편지 서두에서 그 여성은 자유로워지는 방법은 자신의 내부에 있다는 놀라운 사실을 모든 사람들이 깨달을 수 있도록, 강연을 절대 그만두지 말아달라고 부탁했다. 그러면서 자신의 경험을 이야기했다. 뉴욕 이스트 사이드의 빈민 지역에서 태어난 그 여성은 언젠가 의사와 결혼하겠다는 꿈을 어린 시절부터 간직하고 있었다고 한다. 자라면서 이 꿈은 점차 마음속에 분명한 그림으로 자리 잡았다. 그 여성이 처음으로 얻은 일자리는 어느 의사 가정에서 아이를 돌보는 일이었다. 얼마쯤 지난 후 다른 의사의 가정으로 옮기게 되었는데 의사의 부인이 그만 세상을 떠나고 말았다. 그리고 얼마 안 가 그 여성은 그 의사와 결혼했다. 오랫동안 마음속으로 그림을 그리며 바라오던 일이 드디어 이루어진 것이다. 그후 그들 부부는 남부에 과일 농장을 가지고 싶다는 소망을 간직하며 살았다. 두 사람은 그 소망을 마음속으로 그렸고 언젠가는 소망이 이루어질 거라고 믿었다. 그녀의 편지는 남부의 과일 농장에서 보내온 것이었다. 바로 그곳에서 내게 편지를 썼다. 그 여성의 둘째 마음 그림 또한 구체적인 현실로 나타난 것이다.

이와 비슷한 내용의 편지가 매일 내게 수도 없이 온다. 다음은 어느 해 5월 뉴욕헤럴드 지에 실린 내용이다.

5월 5일 애틀랜틱시티에서는 어느 노파가 즉결 심판을 받고 있었다. 골든버그 판사 앞에 선 노파는 너무 지치고 허약해 제대로 서 있지도 못했다. 판사가 노파의 죄목이 무엇이냐고 법원 경위에게 물었다.
"우유 한 병을 훔쳤습니다, 재판장님. 오늘 새벽에 시내 주택의 현관에 놓인 우유를 가져갔습니다."
"왜 그랬습니까?"
골든버그 판사가 노파에게 물었다.
"배가 고파서요. 난 돈이 한 푼도 없어요. 그래서 먹을 걸 얻으려면 훔칠 수밖에 없었답니다. 내가 우유 한 병 가져간다 한들 누가 신경이나 쓸까 생각했지요."
노파가 대답했다.

"이름이 뭡니까?"

판사가 물었다.

"와인버그요. 엘리자베스 와인버그."

판사는 몇 가지 질문을 더 하더니 이렇게 말했다.

"당신은 이제 큰 부자는 아니지만 그렇다고 가난하지도 않습니다. 나는 당신을 몇 달 동안 찾았습니다. 당신의 친척 중 한 사람이 당신 앞으로 오백 달러의 유산을 내게 맡겼습니다. 나는 그 유산의 집행자입니다."

골든버그 판사는 자신의 돈으로 노파의 벌금을 지불하고는 자신의 방으로 안내했다. 그곳에서 노파에게 유산을 전달한 다음 경찰관을 보내 노파가 묵을 곳을 알아보게 했다.

이 작은 노파가 5백 달러만 있었으면 좋겠다는 소망을 마음속에 그려왔다는 사실을 나는 나중에야 알았다. 노파는 그런 돈을 어떻게 얻을지 전혀 몰랐지만, 믿음을 가지고 소망 그림을 마음속에 단단히 간직했던 것이다.

『굿하우스키핑』 최근호에는 애딩턴 브루스라는 사람이 쓴 '정신의 척추를 강화하기'라는 제목의 글이 실렸다. 아주 교

훈적이며 누구에게나 도움이 될 만한 내용이었다. 그 글에서 애딩턴 브루스는 이렇게 말했다.

"매일 잠시 시간을 내서 무궁무진한 상상력을 발휘해 자신의 일에 대해 생각하는 습관을 들여야 한다. 자신을 위해 반드시 필요한 일이며 사회에도 유익한 일이다."

위대한 철도갑부 헌팅턴은 대륙횡단철도를 건설하기 전, 그 길을 수백 번 오갔다고 한다. 미국 지도를 앞에 놓고 앉아서 해안에서 대륙을 가로질러 여행하는 모습을 몇 시간씩 마음속으로 그려봤던 것이다. 그렇게 해서 오늘날 우리는 그의 마음속 소망 그림이 현실로 이루어진 길 위를 다니게 되었다. 이런 사례를 수백 건은 나열할 수 있다.

소망의 시각화 원리를 충분히 이해하고 믿기만 한다면, 소망하는 바를 마음속에 그려보는 일은 간단하면서도 즐겁다. 이때 무엇보다 중요한 것은, 자신이 진정 무엇을 원하는지를 분명히 알아야 한다는 것이다. 이제 다음 장에 나오는 내용에 따라 소망을 구체적으로 그려보자.

소망 그림 그리기

　사람들은 대개 자신이 어떤 목적을 이루기 위해 살아왔다고 생각한다. 또한 건강해지고 일에서도 성공한다면 삶에서 바라는 만족감과 행복을 누릴 수 있으리라 생각한다. 그렇다면 건강한 자신의 모습과 별 거부감 없이 상상할 수 있는 정도까지 성공을 거둔 일의 모습을 마음속에 그려보라.

　또렷한 그림을 그리기에 가장 좋은 시간은 아침식사 직전과 밤에 잠자리에 들기 전이다. 시간을 충분히 할애해야 하므로 평소보다 일찍 일어나야 한다. 방해받지 않는 방으로 들어가서 시각화 법칙이 실제로 작용하는 과정에 대해 잠시 생각해보자. 그리고 스스로에게 이렇게 물어보자.

"내 주위의 사물들은 처음에 어떻게 존재하게 되었을까? 보이지 않는 공급원과 빨리 접촉할수록 도움이 된다는 사실을 어떻게 실감할까?"

누군가 바닥보다는 의자에 앉는 것이 더 편할 거라고 생각했다. 의자에 대한 생각은 편해지려는 소망에서 비롯되었다. 그러자 어떤 종류의 의자 그림이 떠올랐다. 똑같은 원리가 우리가 입는 모자와 옷에도 적용된다. 사물의 이면에 있는 이런 원리를 곰곰이 생각해보자. 그리고 이런 사실을 의식 속에 새겨두자.

이런 과정을 통해 '생각의 힘' 표면 아래 깊은 의식 속으로 들어가게 된다. 다음에는 창문을 열고 심호흡을 열 번 정도 하면서, 커다란 원 모양의 빛이 자신의 주위를 둘러싸는 모습을 마음속으로 그려본다. 숨을 들이마시면서(그러는 동안에도 계속 이 둥그런 빛의 중심에 있어야 한다), 그 원에서 커다란 광선들이 나와 몸의 모든 부분에 들어간 다음 명치에 집중되는 그림을 마음속으로 그려본다.

몸의 중심(명치)에 빛이 모인 상태에서 잠시 숨을 참았다가 천천히 내쉰다. 그러는 동안 광선이 몸을 따라 위로 올라갔다가 내려와 발을 통해 빠져나가는 모습을 그려본다. 그리고 이 상상의 빛을 온몸에 뿌리라. 호흡 과정을 마치고 나면 편안하고 곧은 의자에 앉아, 오직 단 하나의 삶, 단 하나의 물질만이 존재하며 이는 우리의 내부에서 스스로를 인식하며 기쁨을 찾는다는 사실을 기억하라. 이런 종류의 확신을 반복하면, 자신이 확신하는 말이 그대로 진리며 실체임을 느끼게 된다. 그 다음에 그림을 그리기 시작하는 것이다.

소망하는 것이 의식 상태이든 물질이든, 크든 작든, 처음부터 시작해야 한다. 만일 집을 원한다면, 원하는 종류의 집에 있는 자신의 모습을 보는 것으로 시작해야 한다. 바라는 집의 모습이 실재하는 것으로 느낄 수 있도록, 방의 모습과 창문의 위치, 그 외 세부적인 것들을 꼼꼼하게 그려보아야 한다.

이때 가구를 좀 바꿀 수도 있고, 거울 앞에 서서 우리의 모습이 얼마나 건강하고 풍요롭고 행복한지 볼 수도 있다. 마음속에 그리는 그림이 실재하는 것으로 느껴질 때까지 그림을 반복해서 들여다보라. 그리고 나서 "이 근사한 집은 내 것이야. 내 마음은 '신성한 힘'이 작용하는 중심이기 때문에 내 능력에는 한계가 없어"라고 느끼며 마치 집을 실제로 본 것처럼 종이에 적어본다. 그리고 나면 우리의 그림은 이 물리적인 세상에서 태양이 빛나는 것만큼이나 분명하게 실현된다.

기억할 것들

새로운 상황을 만들기 위해 '생각의 힘'을 사용할 때는 다음 사항들을 기억해야 한다.

1. 자신이 어떤 상황을 만들고 싶어하는지 확실히 알아야 한다. 그런 다음 소망이 이루어진 결과를 찬찬히 생각해본다.

2. 마음속의 소망 그림에 대해 늘 생각하면, '창조하는 영'의 모든 힘이 고르게 균형을 이룬 중심점에 다가간다.

3. 시각화를 하면 마음의 평정 상태를 유지할 수 있다. 이

런 상태가 되면 우리가 명확하게 인식하고 있는 목적을 향해 의식적으로 정신이 흐르게 할 수 있으며 목적과 반대 방향으로 생각이 흘러가지 않도록 할 수 있다.

4. 우리 내부에는 굉장한 잠재 에너지가 있다. 이 에너지는 처음에는 특별한 형태를 띠지 않지만 마음의 작용에 따라 우리가 원하는 형태가 된다. 시각화는 이 창조 에너지가 우리 안에 존재한다는 사실을 늘 기억하는 데 도움이 된다. 또한 시각화를 통해 이 민감한 창조 에너지를 원하는 방향으로 흘려보낼 수 있으며, 마음속 소망 그림이 구체적이고 명확한 외부의 물질로 나타난다.

5. 올바르게 시각화를 한다면 생각의 틀을 유지하느라 많은 힘을 들일 필요가 없다. 지나친 노력은 오히려 목적을 이루는 데 방해가 되기도 하고, 우리 뜻을 거스르는 힘이 느껴져 그것을 없애기 위해 또 싸워야 한다. 그러다 보면 마음속의 소망 그림과는 다른 상황이 만들어진다.

6. 즐거운 마음으로 소망 그림을 간직하면, 그 그림의 정신

적 핵을 흩뜨리는 모든 생각을 차단할 수 있다. 시각화의 법칙은 언제나 창조의 방향으로 작용하기 때문에, 마음 그림으로 표현된 우리의 소망은 분명히 성취된다.

7. 마지막으로, 시각화를 할 때 반드시 기억해야 하는 아주 중요한 사실이 있다. 소망의 그림을 그리는 것은 이전에는 형태를 갖고 있지 않던 물질과 에너지에 성질을 부여하기 위한 것이지, 그것이 나타날 현실의 특정한 환경을 만들기 위한 것은 아니다. 창조의 힘은 그런 식으로 작용한다. 우리가 허락하기만 하면, 창조의 힘은 스스로 아주 자연스럽게 모습을 드러내어 우리에게서 불필요한 근심을 덜어준다. 우리가 정말로 원하는 바는 건강이나 부 혹은 그 밖의 무엇이 우리에게로 오는 것뿐이다. 원하는 것을 얻기만 한다면(확신을 갖고 소망 그림을 간직하면 분명 그렇게 된다) 그것이 우리가 예상했던 매개체를 통해 오든 우리가 존재조차 알지 못했던 다른 무엇을 통해 오든 무슨 관계가 있겠는가. 우리는 그저 특별한 목적을 위해 특별한 에너지를 모으면 된다. 이 사실을 명심하고 다른 세부 사항들은 스스로 해결되게 두어라. 그리고 다른 사람에게 자신의 목적을 얘기해서는 절대 안 된다.

자연은 분명하게 눈에 보이는 표면에서부터 가장 비밀스럽고 깊은 곳까지 빛과 선함으로 충만한 한 덩이 거대한 보고이며, 전적으로 우리가 개인적으로 사용할 수 있는 것임을 늘 기억하라. 거대한 전체와 우리가 하나임을 인식하는 것이 성공의 비밀이다. 일단 이런 사실을 인식하면 전체 혹은 그 한 부분을 마음대로 소유할 수 있다. 우리가 그것을 만들었다는 사실을 안다면 그것을 더 확실히 우리 것으로 만들 수 있기 때문이다.

우리에게 좋은 것이든 그렇지 않은 것이든, 모든 물리적인 실체는 이전에 어떤 생각들이었음을 절대 잊어서는 안 된다.

생각은 나쁜 것도 아니고 좋은 것도 아니다. 생각은 창조적인 활동이며 그 결과는 언제나 물리적인 형태로 나타난다.

그러므로, 소유한 것도 소유하지 못한 것도 모두 우리가 습관적으로 하는 생각의 결과다.

내가 정신과학을 배운 동기

내가 정신과학을 연구하게 된 동기와 그동안 얻은 연구 결과, 그러니까 정신과학 원리에서 얻은 지식뿐 아니라 그 지식을 내 삶과 경험에 적용한 결과에 대해 질문을 자주 받았다.

사람들이 이런 질문을 하는 것은 당연하다. 마음의 작용에 관련된 진리를 전하거나 가르치려는 사람이라면, 그 진리를 스스로의 정신세계라는 실험실에서 검증해야 한다. 그때 그의 주장은 비로소 설득력을 얻는다. 현대 정신과학의 위대한 마스터 토머스 트로워드의 유일한 개인 제자인 내 경우에는 더더욱 그렇다. 트로워드의 가르침은 우주의 창조하는 마음과 개인의 마음 간의 관계, 그리고 개인의 삶이 발전하고 충만해지도록 그 관계가 이루어지는 방식이 그 기초를 이룬다.

내가 맨 처음 정신과학 연구에 대한 충동을 느낀 것은 나를 짓누르는 고독 때문이었다. 그 당시에는 영혼의 고독감이 매일의 내 삶을 지배했다. 언제나 친구들에게 둘러싸여 있고 환락과 쾌락에 젖어 있었지만, 혼자라는 느낌은 좀처럼 없어지지 않았다. 그때 나는 3년 전에 남편을 잃고, 마음의 평화를 찾아 이 나라 저 나라를 떠돌고 있었다.

친구들 눈에는 내가 운좋은 젊은 미망인 정도로 보였을지도 모른다. 남편의 죽음으로 큰 상실감을 겪긴 했지만, 유산 덕에 어디든 내키는 대로 갈 수 있었고 친구들도 얼마든지 만날 수 있었으니까. 하지만 그 친구들이 내 마음속 깊은 곳까지 들여다볼 수 있었다면, 내가 느끼는 공허감과 단절감이 얼마나 지독한지 알았을 것이다. 공허하고 불안했던 나는 내 바깥세상에서 무언가를 끊임없이 찾아 헤맸다. 하지만 다 허사였다. 나는 그것을 내면에서 얻을 수 있음을 나중에야 깨달았다.

그때 나는 크리스천사이언스를 공부하기도 했다. 그 과정에서 그 분야의 연구자들이 이룬 위대한 업적을 상세히 알 수 있었고 에디 부인을 직접 만나는 기쁨과 영광을 얻기도 했지만 아무런 위안도 얻지 못했다. 또한 크리스천사이언스의 기본적인 가르침을 받아들이고 실제 생활에 적용하지도 못했다.

정신적 만족을 포기하고 덧없는 환락의 삶으로 돌아오려던 즈음, 한 친구의 권유로 위대한 선지자이며 교사인 압둘 바하를 찾아갔다. 압둘 바하를 만나 이야기를 나눈 후로 만족을 찾는 내 방식은 변하기 시작했다. 압둘 바하는 내가 진리를 찾아 전 세계를 다닐 것이며, 찾아낸 진리를 세상에 전파할 것이라고 했다. 당시에는 그 위대한 선지자의 말이 허황되게만 들렸다. 하지만 그 말로 많은 용기를 얻었고, 무엇보다 이전의 내 방식이 잘못되었음을 깨달았다. 그후로 자신 안에서 만족을 찾기 위해 희미하고 불분명한 길을 더듬기 시작했다. 그가 진리를 가르쳐주지 않는다면 내가 찾아야 했다. 이는 그와의 만남에서 내가 기억해야 하는 단 하나의 아주 중요한 사실이었다.

며칠 후, 신사고운동(New Thought Movement)에 참여한 어떤 사람의 사무실을 찾았을 때 탁자 위에 놓인 책이 눈길을 끌었다. 토머스 트로워드가 쓴 『정신과학에 대한 에딘버러 강연 The Edinburgh Lectures on Mental Science』이라는 책이었다. 인도 펀자브 주에서 판사로 일했다는 그의 경력도 흥미로웠다. 나는 그날 저녁에 다 읽어볼 요량으로 책을 구입했다. 하지만 그 내용을 이해하기란 쉽지가 않았다. 그 책을 제대로 읽으려면 온 정신을 집중해야 한다고들 했는데, 나도 예외는 아니었다.

시골에 가서 며칠 머물며 보물과도 같은 그 책을 열심히 파고들었다. 하지만 내용이 여간 어려운 게 아니었다. 어려운 내용을 이해하는 데 조금이라도 도움이 될까 해서 트로워드의 다른 책 한 권을 더 사보기로 했다. 나중에 나온 『도레 강연 The Dore Lecture』이 훨씬 단순하고 이해하기도 쉽다는 말을 듣고 그 책을 먼저 읽기로 했다. 그렇지만 그 책 역시 쉽게 볼 수 있는 내용은 아니었다. 첫 장, '그 존재의 정신으로 들어가다'라는 말의 의미에 대해 막연하게 개념을 파악하는 데만 몇 주 아니 몇 달이 걸렸다. 이 말은 책의 정신으로 들어가는 데 몇 달이 걸렸다는 얘기도 된다.

하지만 그런 중에도 26페이지에 나온 한 단락에 관심이 쏠렸다. 내가 그때까지 읽은 내용 중 가장 느낌이 강렬했다. 나는 그 부분을 암기하며 트로워드가 한 말의 정신으로 들어가기 위해 최선을 다했다. 그 구절의 내용은 이렇다.

내 마음은 '신성한 힘'이 작용하는 중심이다. '신성한 힘'은 언제나 그 힘을 확대하며 온전히 모습을 드러낸다. 이는 이전에 사라져버린 것과는 전혀 관계없는 존재, 비록 성장의 순서에 따라 과거에서 비롯되긴 했지만 과거의 경험과는 전혀 관계없이 완전히 새로운 존재를 만든다는 의미이다. '신성한 힘'은 그 본래의 성질을 바꿀 수 없으므로 나의 내부에서도 그런 식으로 작용한다. 그 결과, 내가 중심인 나만의 특별한 세상에서 '신성한 힘'은 예전의 것과는 완전히 다른 새로운 상황을 만들어낸다.

어렵게 이 구절을 암기하려고 애쓰는 사이 단어들이 내 안의 뭔가를 일깨웠다. 이 구절을 반복할 때마다 책의 정신으로 들어가기가 더 수월해졌다. 이 구절은 내가 찾고 있던 것을 그대로 표현했다. 나는 마음의 평화를 찾고 싶었다. 내 안에 있는 '신성한 힘'이 더 많이 작용하고 드러날수록 더 큰 만족감을 얻을 수 있다고 믿자 마음이 편해졌다. 그 구절을 익히며 느끼는 마음의 평화와 만족감은 기대 이상이었다. 나는 그 구절에 깊이 매료되었다. 내 안에 존재하는 삶의 불꽃이 완전히 새로운 무언가를 내 인생에 가져다줄 수 있다는 사실을 깨달았다. 과거의 경험을 지워버리고 싶지는 않았지만, 트로워드는 과거의 경험이란 아무런 쓸모가 없다고 말했다. '신성한 힘'은 내 과거의 경험과 연결되어 작용하면서도 이전의 경험을 초월하는 새로운 것을 가져다줄 거라고 했다.

이러한 말들을 곰곰이 새기자 분명한 기쁨이 느껴졌다. 트로워드의 그 한마디가 진리임을 아무 의심 없이 받아들이고 믿을 수 있다면 얼마나 근사한 일이 될까. '신성한 힘'은 본래의 성질을 바꿀 수 없다. 그리고 이 신성한 생명의 힘이 내 안에서 작용하고 있기 때문에 나 역시 '신성한 힘'을 드러낼 수

밖에 없다. 내 안에 있는 '신성한 힘'은 우주의 단계에서 작용하는 것과 똑같은 방식으로 내 안에서도 틀림없이 작용한다. 이는 환경과 친구와 조건들로 이루어진 내 세상 전체가 결국에는 '내가 중심이 되는' 만족스럽고 즐거운 세상이 된다는 뜻이었다. 내가 내 마음을 조절해 '신성한 힘'이 작용하는 분명한 중심을 제공하는 순간 그렇게 되는 것이다.

노력해볼 가치가 있었다. 트로워드가 그런 진실을 발견했다면, 나라고 왜 안 되겠는가? 이런 생각으로 책을 조금이라도 더 명확하게 이해하려고 안간힘을 썼다. 그러면서, 그처럼 위대한 진리를 깨닫고 세상에 알려준 그 사람과 함께 공부해야겠다는 결심을 했다. 이제 나는 더이상 의기소침해 있지 않았다. 트로워드에게 갈 경비를 마련해야 하는 목전의 문제만 생각했다.

2만 달러를 끌어오다

새롭게 알게 된 '신성한 힘'의 작용을 시험해보는 단계에서 가장 먼저 부딪힌 문제는 바로 비용이었다. 고정된 내 수입으로 일상생활을 하기에는 넉넉했지만, 영국으로 가서 트로워드라는 위대한 스승과 언제 끝날지 모르는 공부를 하기에는 충분치 않았다. 그래서 트로워드가 제자를 받는지 어떤지, 만약 받는다면 내게 자격이 있는지 어떤지 알아보기 전에, 암기한 그 구절을 시험해보기로 했다. 매일, 아니 거의 매시간 그 구절을 떠올렸다.

"내 마음은 '신성한 힘'이 작용하는 중심이다. '신성한 힘'이 작용한다는 것은 과거보다 나은 존재로 성장해나감을 의미한다."

『에딘버러 강연』에서는 '끌어당김의 법칙'에 대해 읽으며 감명을 받았고, '원인과 조건(Causes and Conditions)'이라는 장을 보면서는 시각화의 개념에 대해 어렴풋이나마 이해했다. 그래서 매일 밤 잠들기 전에, 내가 원하는 2만 달러를 마음속으로 그려보았다. 1천 달러짜리 지폐 스무 장을 매일 밤 침대 속에서 센 다음, 그 2만 달러는 영국으로 가서 트로워드와 공부하는 데 필요한 돈이라는 사실을 마음속에 명확하게 새겼다. 돈을 마음속으로 그려보고, 뉴욕에서 런던으로 가는 배의 갑판을 오르내리는 내 모습을 그려보고, 마지막으로 트로워드의 제자로 받아들여지는 내 모습을 그려보았다.

그 과정을 매일 아침저녁으로 반복하면서, 암기하고 있던 구절을 확실하게 마음에 새겼다.
"내 마음은 '신성한 힘'이 작용하는 중심이다."
나는 이 말을 내 의식의 한편에 항상 간직해두고 어떻게 돈을 얻을 것인가에 대해서는 생각하지 않으려 했다. 돈이 내게 오는 방법에 대해 생각하지 않은 이유는 아마도 2만 달러가 어디에서 올지 도저히 상상할 수 없기 때문이었을 것이다. 그래서 그저 돈에 대한 생각만 늘 간직한 채 방법과 수단은 끌어당김의 법칙에 맡겼다.

어느 날 거리를 걸으며 심호흡을 하는데 문득 이런 생각이 들었다.

'내 마음은 분명 '신성한 힘'이 작용하는 중심이야. 만일 신이 모든 공간을 채우고 있다면 분명 내 마음에도 존재하겠지. 내가 트로워드와 함께 공부해서 삶의 진리를 알게 되는데 필요한 돈을 원한다면, 돈과 진리 둘 다 내 것이 될 거야. 돈과 진리가 물리적으로 표현된 모습을 내가 지금 당장 느끼거나 보지는 못하지만 말이야.'

그래서 나는 다짐하듯 또박또박 말했다.

"그래도 내 것이 되어야만 해."

마음 한편으로 계속 이런 생각들을 하는 동안 또 한편으로는 이런 생각도 떠올랐다.

'나는 존재하는 모든 물질이야.'

그러자 내 머릿속의 또다른 쪽에서 답이 나오는 듯했다.

'그래, 바로 그거야. 모든 것은 마음속에서 시작하는 거야. '나'라는 존재는 유일하며 가장 기본적인 물질이야. 그리고 무엇이든 끌어당기는 힘을 가지고 있지.'

나는 마음으로 이런 개념을 받아들였고, 이내 마음과 몸의 긴장이 모두 풀렸다.

삶의 대생명력과 연결되어 있다는 절대적이고 확실한 느낌이 생겨났다. 돈과 스승, 심지어 나 자신의 개인성에 대한 모든 생각이 내 존재 전체를 휩쓰는 거대한 기쁨의 물결 속으로 사라졌다. 계속 걷는 동안 이 기쁨의 감정이 계속 확대되면서 결국에는 나를 둘러싼 모든 것이 눈부신 빛으로 타오르는 듯했다. 나를 지나쳐가는 사람들 역시 나처럼 빛이 났다. 내 개인성에 대한 자각도 사라지고, 대신 그 자리에는 거대한 기쁨과 만족감이 차올라 나를 휘감았다.

그날 밤 2만 달러에 대한 그림을 그릴 때는 양상이 완전히 달라졌다. 이전까지는 심상화를 할 때 내 안에 존재하는 어떤 것을 깨우는 느낌이었다. 하지만 이번에는 애써 무엇을 한다는 느낌이 없었다. 그저 2만 달러를 세고 있을 뿐이었다. 그러자 다음 순간, 전혀 알지도 못하는 근원에서 생각지도 못한 방법으로, 돈이 내게 오는 길이 열리는 것처럼 느껴졌다.

 처음에는 흥분하지 않으려고 무진 애를 써야 했다. 공급원과 연결되어 있다는 사실이 무척이나 대단하고 근사해 보였다. 무한한 공급원과 연결되었음을 처음 깨달을 때 마음속에서 모든 흥분을 몰아내라고, 이 모든 것을 우리가 요구함으로 얻게 된 극히 자연스러운 결과로 생각하라고 트로워드가 미리 얘기하지 않았던가? "나는 존재하는 모든 물질이다. '나'라는 존재는 보이고 보이지 않는 모든 형태의 시작이다"라는 말을 늘 기억하는 것보다 오히려 흥분을 몰아내는 일이 훨씬 더 힘들었다.

 2만 달러가 오는 방향을 가리키는 상황이 나타나자, 내가 절대적 신념으로 뿌린 씨가 처음 싹을 틔우는 거라 생각하며 차분해지려고 최대한 노력했다. 그러면서 한편으로는 내 할 일을 다 하며 그 방향으로 가기 위해 온갖 수단을 다 썼다. 그러다 보니 한 가지 상황이 자연스럽게 다른 상황으로 이어졌고, 마침내는 내가 원하던 2만 달러가 차츰 분명하게 나타났다. 그 과정에서 가장 힘들었던 것은 마음을 평온하고 차분하게 유지하는 일이었다.

트로워드의 책에 설명된 정신과학을 공부하며 그가 얘기하는 방법을 신중하게 따른 이후 처음으로 얻은 분명한 결실이었다. 『에딘버러 강연』에 내가 따르고자 노력했던 과정이 완벽하게 설명되어 있으므로, 이 책을 인용하는 것이 독자들에게 줄 수 있는 가장 좋은 선물이 되리라 생각한다. '원인과 조건'이란 장에 이런 구절이 나온다.

좋은 결과를 얻기 위해서는 우리가 위대한 초개체적 힘에 연결되어 있음을 올바르게 이해해야 한다. 그 힘은 지적이고 우리 역시 지적이다. 이 두 지성이 조화를 이뤄야 한다.

어떤 법칙에 저항하면서 그 법칙이 우리를 통해 할 수 있는 일을 해주길 바랄 수는 없다. 그러므로 창조의 법칙이 광범위한 지성을 지닌 도구로 작용하고 있다는 사실을 기억하면서 우리의 지성을 사용해야 한다. 이런 사실을 분명히 알게 될 때 비로소 최종 결과에 대한 모든 걱정을 그만둘 수 있고 또 그만두어야만 한다.

목표를 이루기 위해서는, 무엇보다 먼저 목표에 대해 이따금씩 불분명하게 생각하던 태도에서 벗어나야 한다. 자신의 목표를 우주의 마음에 인식시킨다는 명확한 의도를 가져야 한다. 그리고 난 다음에는 결과를 차분하게 기대하며 필요한 모든 조건이 정해진 순서로 올 거라는 확신을 가져야 한다. 목표를 이룰 조건들이 이미 존재하거나 곧 눈에 보일 것이라는 확신을 가진다면 차분하게 매일의 일상에 눈을 돌릴 수 있다. 그런 조건들이 당장 눈앞에 나타나지 않는다고 해도, 영적인 원형이 이미 존재한다는 사실을 아는 것만으로 충분하다. 원하는 방향으로 상황이 나타날 때까지 기다리면 된다.

상황이 사소해 보인다 해도, 중요한 것은 방향이지 크기가 아니다. 그러한 상황을 보게 되면 절대적 신념으로 뿌린 씨가 처음으로 발아된 거라 생각하면서, 흥분하지 말고 차분하게 그 상황에 필요하다고 생각되는 행동을 해야 한다. 그렇게 하다 보면 더 많은 상황이 같은 방향을 향해 이어지는 것을 보게 된다. 결국에는 목표가 차차 이루어질 것이다.

이런 식의 경험을 반복하면서 공급의 법칙이 갖고 있는 위대한 원리를 이해한다면, 걱정스러운 생각이나 고된 노동에서 차츰 더 완전하게 해방되어 새로운 세상으로 들어설 것이다. 이 새로운 세상에서 정신적이든 육체적이든 우리의 모든 힘을 유용하게 쓰는 것은 곧 우리의 개인성을 그 자연스러운 경향, 즉 영원한 건강과 행복을 향해 펼쳐 보이는 것일 뿐이다. 이것만으로도 개인의 마음과 우주의 마음 간의 관계를 지배하는 법칙을 세심하게 연구하는 충분한 동기가 될 수 있다.

지금까지도 나는 이 말을 무한한 공급원에 접촉하는 방법과 태도의 핵심 내용으로 생각한다. 적어도 이 말은 이전에 인용한 "내 마음은 '신성한 힘'이 작용하는 중심이다"라는 말과 함께 2만 달러를 내게 끌어들이는 아주 분명한 수단이 되었다. 이러한 말의 핵심을 이해하고 필요한 액수의 돈을 끌어들이기 위한 내 노력은 쉬지 않고 계속되었다. 약 6주가 지날 즈음 내가 필요로 했던 2만 달러가 은행 계좌에 들어와 있었다. 그 얘기를 자세히 하자면 길어질 것이기에 생략한다. 지금까지의 얘기만으로도 2만 달러가 내게 오는 동안 내 마음이 어떤 식으로 자성을 띠었는지에 대해 명확한 설명이 되었으리라 생각한다.

위대한 정신과학자의
유일한 제자가 되다

트로워드의 제자가 되기로 결심하고 나서 친구에게 나 대신 트로워드에게 편지를 써달라고 부탁했다. 나보다는 친구가 내 바람을 더 명확하고 설득력 있게 전달해줄 것 같았다. 그 친구의 도움으로 여러 통의 편지를 보냈지만 단 한 번도 답장을 받지 못했다. 실망이 굉장히 컸다. 그날 거리에서 세상 전체가 빛났던 경험을 하지 못했더라면 아마도 트로워드의 제자가 되겠다는 생각을 깨끗이 포기했을지도 모른다. 나는 이런 약속을 기억했다.

"네가 받기로 한 것은 무엇이든 받았고 받을 것임을 믿어라."

이런 경험을 마음속에 간직한 채, 편지가 무시당했다는 명백한 사실에도 아랑곳없이 나는 영국으로 떠날 준비를 했다. 그러면서 친구와 함께 마지막으로 다시 한번 편지를 썼다. 드디어 답장을 받았다. 편지에서 트로워드는 학생을 받지 않는다는 의사를 정중하면서도 분명하게 밝혔다. 학생에게 쏟을 시간이 없다고 했다.

이렇게 명확하게 결정이 났는데도, 그날 보았던 빛과 '나는 존재하는 모든 물질이다'라는 생각이 떠올랐던 경험을 기억하며 낙심하지 않았다. 내가 원하면 언제든 그 경험을 떠올릴 수 있었고, 그러고 나면 늘 용기와 새로운 기운이 물결처럼 밀려들었다. 우리는 런던으로 떠났다. 그리고 그곳에 도착해 트로워드에게 만나고 싶다는 내용의 전보를 보냈다. 이번에는 트로워드가 즉시 답장을 보내 만날 수 있는 시간을 알려왔다.

그때 트로워드는 기차역에서 30킬로미터 정도 떨어진 영국 남쪽의 작은 외딴 마을 루안매너에 살고 있었다. 지도에는 나와 있지도 않은 곳이라, 런던에 있는 한 여행사의 도움을 받아 천신만고 끝에 찾아갈 수 있었다. 만났을 때 트로워드가 내게 뭐라고 할지에 대해서는 별로 생각하지 않았다. 진리는 내 것이라는 느낌이 나를 떠나지 않았다. 또한 진리가 내 의식 속에서 성장하고 확장해서 마침내는 평화와 만족이 내 삶의 내부에서뿐 아니라 외부에서도 표현될 거라는 느낌도 늘 있었다.

무섭게 휘몰아치는 폭풍우를 뚫고 트로워드의 집에 도착했다. 트로워드는 우리를 진심으로 반갑게 맞아주었다. 직접 만나보니 트로워드가 영국인보다는 프랑스 사람의 모습에 가까워서(그가 위그노 교도의 자손이라는 사실을 나중에야 알았다) 많이 놀랐다. 키는 중간 정도였고 머리는 좀 큰 편이었으며 코가 크고 두 눈에는 쾌활한 빛이 살아 있었다. 우리는 그의 가족과 인사를 나눈 뒤 따뜻한 차를 대접받았다. 트로워드는 우리를 거실로 안내하고는 모든 것에 대해 아주 자유롭게 이야기했다. 하지만 단 한 가지, 내가 부탁했던 공부에 대해서는 아무 말도 하지 않았다. 여간해서는 그 문제에 대한 대답을 들을 수 없을 듯했다.

그 집을 떠나기 직전, 나는 용기를 내어 물었다.

"개인 제자를 받지 않는다는 결정에 대해 다시 생각해봐주시겠습니까? 저는 꼭 선생님과 함께 공부하고 싶습니다."

내 말에 트로워드는 개인지도를 할 만한 시간적 여유가 없다며, 대신 재미있으면서도 유익하다고 생각되는 책 두세 권을 알려줄 수는 있다고 덤덤하게 말했다. 또한 내가 자신과 함께 공부하고 싶어 미국에서 그 먼 길을 와준 것에 대해 대단히 반갑고 기쁘게 생각한다고도 말했다. 집을 나와 우리 자동차가 서 있는 길까지 걸어오면서 그의 태도가 조금은 부드러워졌다. 우리를 이해하고 마음이 움직인 것 같았다. 그가 우리를 돌아보며 말했다.

"파리에 도착하면 마음이 내킬 때 내게 편지를 쓰세요. 그리고 가을에 혹시 내가 시간이 된다면 뭔가 준비해봅시다. 지금은 불가능해 보이지만 말입니다."

파리에 도착한 나는 지체하지 않고 트로워드의 말대로 편지를 보냈다. 그는 편지를 받을 때마다 친절하게 답장을 해줬지만, 나를 제자로 받아주는 문제에 대해서는 희망적인 얘기를 단 한 마디도 하지 않았다. 그렇게 두 달쯤 지났을 때, 이런 내용의 편지가 한 통 날아왔다.

"요한계시록 21장 16절에 나오는 다음 구절의 의미가 무엇이라고 생각합니까? '그 성은 네모가 반듯하여 장광이 같은지라 그 갈대로 그 성을 척량하니 일만 이천 스타디온이요 장과 광과 고가 같더라.'"

그 질문에 어떻게 답하느냐에 트로워드의 제자가 될 기회가 달려 있음을 나는 본능적으로 알았다. 하지만 그 구절을 명확하게 설명하는 일은 완전히 내 능력 밖인 듯했다. 여러 가지 답이 떠오르긴 했지만 어떤 것도 정답은 아님을 직관으로 알았다. 박학한 친구나 지인들에게 이 질문을 해보았다. 그리고 전 세계에 있는 변호사, 의사, 사제, 간호사, 목사 들에게도 이 질문을 보냈다.

시간이 흘러 답장이 오기 시작했지만, 정답이라 생각되는 답은 없었다. 혼자서 답을 알아내려고 끙끙거려봤지만 아무것도 떠오르지 않았다. 그 구절을 암기해 틈이 날 때마다 곰곰이 생각해보았다.

그러면서 한편으로는 트로워드가 추천해준 책들을 찾아 파리를 헤매고 다녔다. 이삼 일 헛수고를 한 뒤 강 건너편 시테 섬으로 가서 헌책방 몇 군데를 둘러보았다. 그 책들은 모두

절판되었기 때문에 헌책방에 있을 가능성이 컸다. 마침내 한 작은 책방에서 그 책들을 발견했다. 그곳에 마지막으로 남은 책이었기 때문에 가격이 꽤 높았다. 점원과 흥정을 하다가 어느 점성술사의 책에 내 눈길이 가서 멎었다. 나는 웃음을 터뜨리며 그 책을 집어들고 물었다.

"이 사람이 내 운세를 봐줄까요?"

점원이 내 말에 깜짝 놀라며 대답했다.

"아뇨, 손님. 그분은 프랑스에서 아주 이름 높은 점성술사입니다. 운세는 보지 않습니다."

점원의 대답에도 불구하고 그 점성술사에게 가보고 싶다는 충동은 가시지 않았다. 그날 나와 동행했던 진구는 점성술사에게 가는 걸 어떻게든 말려보려고 했지만 내가 고집을 부리자 하는 수 없이 따라나섰다. 막상 그 점성술사의 사무실에 도착할 무렵에는 운세를 봐달라고 하기가 망설여졌지만, 달리 꺼낼 말이 없었다. 점성술사는 마지못해 우리를 종이가 어지럽게 널려 있는 서재로 안내하고는 앉으라고 권했다. 그리고 아주 공손하면서도 냉랭한 말투로 자신은 운세를 보지 않는다고 했다. 드러내놓고 말한 것은 아니어도 우리가 그만 가

주길 바라는 마음이 태도에 그대로 묻어났다.

 친구가 일어섰다. 하지만 나는 갈 준비가 전혀 되어 있지 않았으므로 몹시 당황했다. 그곳에는 분명 뭔가 얻을 게 있다는 직감이 들었다. 하지만 그게 무엇인지 확실히 알 수 없어 잠시 머뭇거렸다. 내 태도 때문에 친구는 몹시 불편해했다. 그때 점성술사가 기르던 커다란 페르시아 고양이 한 마리가 내 무릎으로 뛰어 올라왔다.
 점성술사는 "잭, 내려와!" 하고 소리치더니 이내 혼잣말로 중얼거렸다.
 "이게 무슨 뜻이지?"
 점성술사는 갑자기 내게 큰 관심을 보이더니 미소를 지으며 말했다.
 "지금까지 고양이가 낯선 사람에게 가는 걸 한 번도 못 봤습니다. 내 고양이가 당신 대신 간청하고 있나 봅니다. 이제 나도 당신의 운세에 관심이 생기는군요. 내게 정보를 주시면 기꺼이 운세를 적어드리겠습니다."
 그의 말을 들으니 벅찬 행복감이 밀려들었다. 그는 마지막으로 덧붙였다.

"정말로 운세에 관심이 있어서 오신 거 아니죠?"

정확한 지적이었으므로 나는 깜짝 놀랐다. 그의 말대로 나는 운세에 관심이 없었다. 따라서 그에게 운세를 봐달라고 하는 이유도 댈 수가 없었다.

그가 말했다.

"다음 일요일 오후에 만나 당신에 관한 자료를 받았으면 합니다."

일요일 오후 약속한 시간에 그 점성술사를 만나 내 출생일 등의 정보가 적힌 종이를 건네주었다. 그때, 요한계시록 21장 16절에 대해 물어봐야겠다는 생각이 퍼뜩 떠올랐다. 망설일 새도 없이, 그 구절이 무슨 뜻인 것 같으냐고 물었다. 그는 내 질문이 끝나기 무섭게 대답했다.

"그건 이런 뜻입니다. 도시는 진리를 의미하며, 진리는 한결같다. 어느 쪽으로 다가가도 진리는 모두 같은 모양을 하고 있다."

그 답이 옳다는 것을 직감했다. 뭐라 표현할 수 없이 기뻤다. 이제 올바른 대답을 얻었으니, 트로워드가 분명 가을에 나를 학생으로 받아줄 거라고 확신했다.

그 위대한 점성술사와 헤어지기 전, 나는 트로워드와 공부하기를 바란다는 것, 그런 분명한 목적을 가지고 뉴욕 시에서 왔다는 것, 그리고 트로워드의 질문에 대한 대답을 얻을 때까지는 그 모든 바람이 무모해 보였다는 얘기 등을 했다. 그는 굉장히 흥미로워하며 트로워드에 대해 여러 가지 질문을 했다. 그리고 청구서를 보내달라는 내 부탁에 웃으며 대답했다.

"그 위대한 트로워드가 당신을 제자로 받아주는지 내게 좀 알려주세요."

점성술사는 인사를 하고 자리를 떠났다. 나는 서둘러 집으로 돌아가 요한계시록 21장 16절 질문에 대한 답을 트로워드에게 전보로 보냈다.

얼마 안 있어 트로워드에게서 답장이 왔다.

"당신의 답이 맞습니다. 지금 나는 런던에서 대피라미드에 대한 강의를 하려는 참입니다. 그 강의에 참석하고 싶다면 기꺼이 받아들이겠습니다. 그리고 앞으로도 나와 공부하고 싶다면 조율이 가능하리라 생각합니다."

나는 답장을 받자마자 준비를 마치고 런던으로 떠났다.

나는 트로워드의 강의를 모두 들으며 많은 가르침을 받았다. 그리고 그와 함께 공부하기로 허락받았다. 콘월로 떠나기 이틀 전에 트로워드는 다음과 같은 내용의 편지 한 통을 내게 보냈다. 그 편지에는 함께 할 공부 과정이 명확하게 적혀 있었다.

영국, W. 켄싱턴,
스탠윅 가 31번지
1912년 11월 8일

친애하는 베런드 부인

우리가 함께 하기로 한 공부에 대해 간단하게라도 이야기하는 게 좋을 듯합니다. 혹시라도 당신이 오해를 해서 나중에 실망하면 안 되니까요.

나는 그 주제를 몇 년 동안 공부하면서 중요한 특징들을 전반적으로 알게 되었습니다. 그런데 안타깝게도 오늘날 이 학문을 연구하는 사람들은 신지학, 타로, 카발라 등에도 관심을 기울이고 있습니다. 내가 판단하는 한, 소위 오컬트(신비주의) 연구는 생명을 주는 참 진리와는 정반대입니다. 그렇기 때문에 이러한 학문에 대해서는 어떤 가르침도 내게 기대해서는 절대 안 됩니다.

오늘날 우리는 비법 전수에 대해 자주 듣습니다. 분명히 말하지만, 당신이 오컬트를 연구하려 할수록, 생명이 있는 삶에서 점점 멀어지게 될 뿐입니다. 오랜 세월 동안 깊이 연구하고 숙고한 경험으로 말하는데, 오직 성경과 그리스도의 가르침만이 진정으로 연구할 가치가 있습니다. 이는 우리의 외적인 삶과 매일의 관심사, 삶의 내적 근원, 그리고 사후세계에 대한 모든 것을 아우를 만큼 광범위한 주제입니다.

당신은 내 가르침에 꽤 큰 신뢰를 보여주었습니다. 당신 말대로 정말 당신 자신을 온전히 맡길 만큼 나의 가르침을 신뢰한다면, 나는 아주 막중한 책임감을 갖고 당신의 믿음을 받아들일 수밖에 없습니다. 그런 의미에서 앞서 말했듯 소위 '신비'에 관심을 두지 않는 것으로 당신의 신뢰를 보여주십시오.

나는 경험에서 이런 말을 하고 있습니다. 그런데 나중에 보면 알겠지만 내 가르침의 대부분이 아주 단순합니다. 또 어쩌면 독단적인 부분도 얼마쯤은 있을 겁니다. 그리고 아마도 당신은 내 가르침의 대부분을 이전에 들어봤을 겁니다.

하나님에 대한 믿음, 기도와 예배, 그리스도를 통해 하느님 아버지에게로 가는 것, 이 모든 것은 어떤 의미에서 당신에게 친숙한 개념입니다. 그리고 내가 하고 싶은 일은 당신이 오래전부터 들어왔을 뿐 아니라 지금도 생생한 사실로 남아 있는 이런 주제들을 좀더 분명히 밝히는 것뿐입니다.

당신이 조금이라도 실망하기를 원치 않기 때문에 나의 입장을 분명히 말한 것입니다. 마지막으로 한 가지만 더 말해 둘 게 있습니다. 우리의 공부 과정은 두 사람 다 가능한 시간에 당신이 우리 집에 오든 내가 당신 집에 가든 그때그때 사정에 맞춰 하는, 그저 친근한 대화가 될 것입니다.

당신에게 도움이 될 만한 책 몇 권을 빌려드리겠습니다. 귀한 책들이지만 절대 오컬트에 관한 책은 아닙니다.

이런 모든 내용에 동의하신다면, 분명 우리는 루안매너에서 반갑게 만날 수 있을 겁니다. 그리고 몇 명 안 되지만 무척이나 친절한 그곳 주민들과 아름다운 마을 풍경도 이제 만나게 될 겁니다.

혹시 뭔가 다른 성질의 공부를 원한다면 언제든 주저하지 말고 얘기해주세요. 하지만 예수 그리스도를 대체할 만한 학문은 찾을 수가 없을 겁니다.

이런 편지를 받는 것이 썩 달갑지는 않을 거라 생각하지만, 당신이 콘월까지 와서 실망하는 것은 원하지 않습니다.

안녕히 계십시오.
당신의 친구
토머스 트로워드

나는 이 편지가 내가 독자에게 줄 수 있는 최선의 메시지라고 생각한다.

말이 현실로 되다

우리가 하는 모든 말에는 그 말이 가리키는 방향으로 뻗어나가 결국에는 물리적인 모습으로 나타나는 힘의 싹이 존재한다. 예를 들어 의식 속에 즐거움이 확실하게 자리 잡기를 원한다면, '즐거움'이라는 단어를 은밀하게, 끊임없이, 힘주어서 반복하라. '즐거움'의 싹이 뻗어 나오고 모습을 나타내기 시작해 결국에는 우리 존재 전체가 즐거움으로 가득 차게 된다. 이는 단순한 공상이 아니라 진리다. 일단 이런 힘을 경험하고 나면, "이 이론이 단순히 사실들을 짜 맞추어서 만든 게 아니라, 사실을 면밀하게 관찰한 결과 확립된 것임을 날마다 실감한다." 삶의 즐거움은 내부에서 비롯된다는 사실을 누구나 알고 있다. 다른 사람이 우리에게 즐거움의 원인을 제공할 수는 있지만, 누구도 우리를 대신해 즐거워할 수는 없다. 즐거움은 의식의 상태며, 의식은 트로워드의 말대로 순전히 '정신적'인 상태다.

정신적인 기능들은 언제나 무언가의 자극을 받아 작용한다. 이 자극은 외부의 감각을 통해 올 수도 있고 아니면 물리적인 수준에서는 인지되지 않는 내면적 자각을 통해 올 수도 있다. 이처럼 내부에서 오는 자극을 인식하게 되면 의식을 어떤 상태든 '바라는 대로' 끌어올 수 있다. 어떤 것이 우리에게 자연스러워 보인다면, 성장과 끌어당김의 법칙을 통해 그것은 분명 우리의 소유가 된다. 이는 숫자를 인식하면 덧셈을 해내는 것만큼이나 명백한 사실이다.

어떤 말을 반복해 사용하면 그 말에 담긴 무한한 의미는 우리의 것이 된다. 말은 생각이 구체화된 것이고, 생각은 좋은 것이든 나쁜 것이든 창조적, 오직 창조적이기 때문이다. 믿음은 창조하는 것이며 두려움은 파괴하는 것인 이유가 여기에 있다.

"믿는 자에게는 능치 못할 일이 없느니라."

모든 역경과 모든 불리한 조건을 이기도록 하는 것이 바로 믿음이다. 우리를 자유롭게 하는 것은 믿음의 말이며, 이때의 믿음은 특정한 물건이나 행동에 대한 믿음이 아닌 모든 면에서 최고의 자아에 대한 순전한 믿음이다. 우리가 하는 말의 중심에는 언제나 창조의 힘이 존재한다. 그러므로 건강과 마음의 평화, 경제적 상태는 우리가 습관적으로 하는 생각의 결과다. 이 사실을 믿고 이해하도록 노력해야 한다. 그러면 우리는 모든 역경과 불리한 조건의 지배자, 힘의 제왕이 될 것이다.

믿음을 키우는 방법

이런 의문이 생길 수 있다. 믿음이 없는 상태에서 어떻게 믿음의 말을 할 수 있단 말인가? 모든 생명체는 어떤 것 혹은 누군가에게 믿음을 가지고 있다. 그리고 어떤 믿음이든 그 내면에는 창조 에너지의 성질이 있기 때문에 믿음으로 인해 무엇이든 만들어진다. 강렬한 두려움도 믿음 때문에 생생하게 살아난다. 사람들이 천연두를 두려워하는 이유는 그 병에 걸릴 수도 있다고 믿기 때문이다. 자신도 가난하고 고독해질 수 있다고 믿기 때문에 그것에 대한 두려움이 생긴다.

우리의 마음과 몸과 일에서 반복적으로 나타나는 현상은

어떤 방향이나 바람에 대해 이따금씩 하는 생각이 아닌 습관적 생각의 결과다. 우리의 생각과 말은 자신의 작은 자아를 비롯한 모든 것을 지배하도록 해주는 자궁이다. 그 생각과 말에서 모든 창조가 시작되었다는 사실을 이해하는 것이 믿음이며, 이 믿음은 믿음으로 인해 이루어지는 것을 목격하면서 점점 더 크고 강렬해진다.

  이때 목격한다 함은 무엇이 이루어졌으면 하고 바라기만 한 게 아니라, 실제로 이루었을 때 그 느낌이 너무 근사해 도무지 믿어지지 않을 때의 의식 상태를 경험하는 것을 가리킨다. 더 좋은 기분을 만들어야 했는데 정말 그렇게 했을 때 어떤 느낌이 들었는가? 또 어떤 것을 꼭 가져야만 했는데 정말 가졌을 때 어떤 느낌이 들었는가? 이런 경험들을 반복하고 반복하다 보면(정신적으로) 모든 것을 알고 행하는 자아와 정말로 연결되어 있음을 느끼고, 결국에는 가장 좋은 것이 우리에게 온다.

믿음이 커지면 받는 보답

실패를 모르는 우주의 법칙과 최고의 자아를 믿음에 따라, 이제 우리는 자신이 우주의 희생자가 아닌 우주의 일부임을 깨닫게 되었다. 우주의 으뜸가는 법칙과 힘에 의식적으로 접촉할 수 있게 해주는 힘은 우리 내부에 있다. 이 힘은 보이지 않는 영역까지 포함한 자연의 모든 특정한 법칙을 우리의 특별한 요구나 소망이 이루어지는 쪽으로 이끌어간다. 그러므로 우리는 상황의 노예가 아닌 주인이 된다.

트로워드는 이 '주인됨'은 '우주의 영에 존재하는 개인이라는 영역, 그리고 우주의 영과 우리의 개인성과의 상호 관계'

를 아는 데서 비롯한다고 말한다. 다시 말해, 우리의 생각과 말, 자신의 개성에 대한 자각은 신(우주의 영)이 축소되거나 개별화되어 재생산된 것이다. 우리의 모든 말과 생각은 우리 것이 되기 전에 신의 것이었다.

우리가 사용하는 말은 도구이자 매개체며, 이를 통해 창조의 에너지가 형태를 갖춘다. 이런 민감한 창조의 힘은 자연히 그 힘이 지나는 도구에 맞춰 새로 모양을 갖춘다. 사람들이 낙심하고 실패하는 것은 뭔가를 이루려고 애쓰면서도 한편으로는 소망을 방해하는 생각을 하기 때문이다. 그렇게 하면서 원하는 결과를 얻는 것은 선풍기로 빛을 내려 하거나 굽은 파이프를 통해 물을 곧게 흐르게 하려는 것과 마찬가지로 불가능하다.

물은 통과하는 파이프에 따라 모양이 변한다. 창조의 에너지라는 민감하고 눈에 보이지 않은 유동성 재료 또한 그것이 통과하는 생각과 말의 형태 그대로 모양을 갖춘다는 것은 당연한 이치다. 바로 이것이 생각과 말의 법칙이다. 따라서 자연히 이런 결론에 이르게 된다.

"인간은 자신이 마음속으로 생각하는 그대로의 존재다."

그러므로, 우리의 생각이나 말이 우주 법칙의 영원하고 생산적이며 진보적인 움직임과 일치할 때 우리 마음은 우주의 무한한 힘과 지성을 똑같이 닮아가며, 우리의 삶은 우주의 무한한 힘과 조화를 이룬다.

자연이 보내는 응답

모든 자연과 모든 공간에는 민감하고 끊임없이 응답하며 창조를 이루는 지성과 힘이 있다는 사실을 늘 기억하라. 응답은 창조나 암시의 형태로 우리에게 온다. 이처럼 중요한 사실을 이해할 때, 삶의 법칙이 지니는 단순성도 알게 된다.

우리가 할 일이란, 우리 마음은 '신성한 힘'이 작용하는 중심이며 따라서 마음 안에는 암시를 받아들이는 어떤 것도 존재한다는 사실을 명심하고 뭔가를 원할 때 삶 전체가 그 요구에 응답하리라 기대하는 것뿐이다. 그러면 소망이 이루어지리라는 암시가 주변 사람들의 말과 행동뿐 아니라 꽃과 풀,

나무, 바위에서도 드러난다. 물리적인 단계에서 그 암시를 믿고 행동한다면 마음의 소망을 이룰 수 있다. "실행하지 않는 믿음은 죽은 것이다." 믿음을 갖고 실행하면 우리는 절대적으로 자유로워진다.

믿음으로 실행하면 이루어진다

오스트레일리아의 백만장자 타이슨이 하루 3실링 정도를 받으며 벌목꾼으로 일하던 시절의 일이다. 어느 날 작고 소박한 제비꽃을 보다가 '오스트레일리아의 사막을 장미와 같은 꽃으로 뒤덮이게 하자'라는 생각이 떠올랐다고 한다. 숲속 이곳저곳에서 자라는 그 작고 친근한 제비꽃들을 볼 때면, 꽃 속의 뭔가가 타이슨의 마음속에 있는 그 꽃과 비슷한 뭔가를 건드렸다. 타이슨은 밤이면 침대 옆에 앉아 어떤 식으로 꽃과 식물이 오스트레일리아의 사막에서 생명을 싹 틔우게 될까 궁금해하곤 했다.

물론 사막에 관개수로를 설치할 만한 돈을 마련하려면 오랜 시간이 걸린다는 것을 그도 알고 있었다. 하지만 그 일은 이루어질 수 있으며, 이루어질 수 있는 일이라면 할 수 있다고 타이슨은 확신했다. 자신의 내부에 그 생각을 간직하는 힘이 있다면, 그 생각을 세상에 표현하는 힘도 그 생각 안에 분명 있을 거라 믿었다. 그는 자신의 바람을 이루려면 어떤 방법과 수단을 사용해야 하나 따위의 생각은 단호하게 마음 한편으로 치워버렸다. 그러고는 아무것도 존재하지 않는 사막에 울타리가 쳐지고 꽃과 풀이 자라나는 모습만 계속 생각했다.

물리적인 세상에 무언가를 만들어내는 힘, 창조하는 힘은 마음속의 좁은 영역에 갇혀 있지 않다. 그러므로 그가 습관처럼 마음속에 소망을 그리는 동안 그의 생각들은 무한한 공간을 자유롭게 떠돌면서 같은 성격의 다른 생각들도 끌어왔다. 타이슨은 일당 3실링을 모아 땅을 관개할 만한 돈을 마련할 때까지 기다릴 필요가 없었다. 그의 생각들이 재정의 세계로 들어가 비슷한 성격의 생각들을 발견하고, 그렇게 해서 재정적 지원의 문이 이내 열렸기 때문이다.

삶은 바람에 응답한다. 모든 자선단체가 바로 이 원칙에 따라 유지된다. 이 원칙이 존재하지 않는다면, 단순히 누군가 무엇을 필요로 한다고 해서 주려는 사람은 아무도 없을 것이다. 수요와 공급의 법칙, 원인과 결과의 법칙은 절대 깨지지 않는다. 생각은 비슷한 생각들을 끌어들인다. 그 생각들은 꽃이나 책에서 오기도 하고 보이지 않는 것에서 오기도 한다. 우리는 앉아 있거나 걸어다니는 동안 소망을 이룰 방법이나 수단이 아닌 소망 그 자체에 집중하고, 그러면서 어딘지 아무도 모르는 곳에서 또다른 생각이 오는 것을 바라보고, 그 생각이 원래 있던 우리 생각과 조화를 이루면서 한편으로 또다른 생각을 끌어들이는 모습을 보기만 하면 된다. 그렇게 하다 보면 결국 우리의 바람은 현실이 된다.

재정 문제를 해결할 필요성을 느끼고 어떻게 하면 경제적으로 풍족하게 될까 궁리한다고 해보자. 돈을 비롯한 모든 것이 우리의 생각에서 시작되었다는 인식을 명확히 하면 그때부터 생각은 방향을 잡기 시작한다. 우리는 그저 가장 좋은 것, 그리고 존재하는 모든 것은 우리 것이라는 말과 확신만 간직하면 된다. 직관이라는 도구를 통해 무한한 힘이 보내주는 확신을 얻을 수 있기 때문에, 이제부터는 돈에 대한 우리의 생각이 스스로 응답을 얻을 거라고 믿기만 하면 된다. 의심과 걱정을 마음에서 몰아내고 '나는 할 수 있다' 혹은 '나는 할 것이다'라는 확신을 단단히 간직하면, 마음속에 있는 바람이 점차 물리적 형태로 나타난다.

소망을 물리적 형태로 만들기 위해 우주의 힘을 의식적으로 사용할 때, 세 가지 사실을 명심하라.

첫째, 모든 공간은 창조의 힘으로 채워져 있다.
둘째, 이 창조의 힘은 암시를 따른다.
셋째, 창조의 힘은 과거의 경험과는 아무 관계가 없다.

트로워드가 말했듯, 셋째 사실은 특히 중요하다. 창조의 힘은 선례에 절대 제한받지 않음을 의미하기 때문이다. 창조의 힘은 원칙의 핵심에 따라 작용한다. 다시 말해, 창조의 힘은 우리가 하는 말에 따라 창조의 방향을 띤다. 이 위대한 진리를 깨닫는다면, 민감한 창조의 힘에 어떤 특징을 부여할 것인가 하는 것이 가장 중요한 고려 대상이 된다. "인간은 자신이 마음속으로 생각하는 그대로의 존재다"라는 말은 창조의 원칙을 지배하는 불변의 법칙이다. 유일한 창조의 힘은 우리가 생각하고 느끼는 모습 그대로 나타난다는 진리를 잊지 않는다면, 바라는 바 그대로 이루어질 것이다.

트로워드는 이렇게 말했다. "만일 우리가 자신의 생각이 강력하다고 생각한다면, 우리의 생각은 강력하다." "인간은 자신이 마음속으로 생각하는 그대로의 존재다." 이것들은 분명한 삶의 법칙이다. 어떤 물건을 잡고 거울 앞에 섰을 때 거울이 다른 물건을 비출 리 없듯, 창조하는 힘은 이 법칙에서 벗어나지 않는다. '생각하는 그대로'라는 말은 '우리가 생각한다고 사람들에게 말하는'이나 '우리가 생각한다고 세상이 믿어주기를 바라는 대로'와는 분명 다르다. 그것은 우리의 가장 깊숙한 곳의 생각, 우리 말고는 아무도 모르는 곳에 존재하는 생각을 의미한다. "아버지가 그 아들을 구원하는 것은 아무도 알지 못한다." 그리고 "아버지 말고는 아무도 그 아들을 알지 못한다."

우리의 생각이 물리적인 사실로 나타나거나 우리의 몸과 뇌와 일에서 드러날 때까지는 오직 '창조하는 영'만이 우리가 생각하는 바를 알고 있다. 그러고 나서 우리가 접촉하는 모든 사람들이 알게 된다. 왜냐하면 비밀리에 듣는 아버지, 지성을 지닌 창조의 에너지가 우리의 가장 비밀스러운 생각을 듣고는 드러나게 보답하여 물리적인 형태로 만들어내기 때문이다. "우리는 자신이 생각하는 그대로의 존재다"라는 말을 마음 한편에 항상 간직하라. 쉬지 않고 이 말을 바라보며 기도하라.

이미 받았다는 믿음으로 구하라

 과학적 사고와 긍정적 생각을 실생활에 적용하기

 신중하고 긍정적이고 열정적인 생각을 통해, 형언할 수 없고 눈에 보이지 않는 삶의 물질이 모든 공간을 채우고 있으며 그 성질은 지적이고 유연하며 주관적이라는 사실을 깨닫기 바란다.

 새벽 다섯시는 이런 종류의 묵상으로 들어가기에 가장 좋은 시간이다. 매일 밤 잠들기 전에 "나의 아버지는 온 세상의 지배자시며, 나를 통해 그 힘을 드러내신다"라는 말을 마음속에 분명하게 새겨보자. 그러면 창조의 물질이 우리 생각의 틀대로 형태를 갖출 것이다.

  위의 말을 별생각 없이 받아들여서는 안 된다. 그 의미가 잠재의식 속에서 이해될 때까지 곰곰이 생각해보아야 한다. 앞서 얘기했듯이, 매일 새벽 다섯시에 일어나 조용한 방으로 들어간 다음 등받이가 곧은 의자에 앉아 전날 저녁의 확신에 대해 생각해보자. 그러면 정말로 우리 마음은 모든 창조 에너지와 힘이 형태를 갖추기 위한 중심이라는 확신이 들 것이다. 그리고 자신의 거대한 힘을 인식하고 행동할 수 있게 될 것이다.

과학적으로 기도할 때의 원칙

자신이나 다른 사람이 신체적, 정신적, 재정적으로 나아지기를 기도할 때, 기도의 응답을 받기 위해서는 다음 말의 의미를 분명하게 이해해야 한다.

"이미 받았음을 믿고 구하라. 그러면 받으리라."

모든 것이 마음에서 시작된다는 사실과, 우리가 바깥 세계를 향하여 구하는 것을 이미 가지고 있음을 안다면 이 말을 이해하기란 그리 어렵지 않다. 누구도 미래에 있게 될 것을 생각할 수는 없다. 무엇에 대해 생각한다면 그것은 이미 존재한다.

그러므로

대상을 생각하는 순간 그것은 이미 우리 것이다. 생각함으로 곧 소유한다는 사실을 지속적으로 인식하면 그 생각은 집중되고, 응축되며, 투사되고, 결국에는 물리적 형태를 띤다.

창조를 통해 부를 이루기

부의 새로운 힘을 인식하고 그 개념을 이해하는 일은 우리가 마음으로 받아들일 수 있는 가장 숭고한 열망이다. 이로 인해 모든 고귀한 목적들도 이루어질 수 있기 때문이다.

자신이나 다른 사람을 위해 기도할 때 기억해야 할 사항들

기도는 절대 최면이 아니다. 또한 누군가의 마음을 차지하기 위해 애써서도 안 되며, 사실이 아니라고 알고 있는 것을 억지로 믿으려고 해서도 안 된다. 기도란 다음과 같은 사실을 이해하면서 하나님 즉 제1원인을 그저 생각하는 것이다.

"만일 무언가가 어쨌든 진리라면, 어떤 방법을 통해서든 그것은 우주 전체에 진리로 나타난다."

생각의 힘은 절대적으로 과학적인 원칙에 따라 작용한다. 이러한 원칙은 다음과 같은 말로 표현할 수 있다.

"인간은 자신이 마음속으로 생각하는 그대로의 존재다."

이 구절은 지혜를 담고 있지만, 우리가 늘 기억하고 삶에 신중하게 적용하지 않는다면 아무런 의미가 없다.

"우리는 마음속으로 생각하는 그대로의 존재다"라는 말 속에 포함된 원칙은 "뿌린 대로 거두리라"라는 법칙으로도 명확하게 표현할 수 있다.

무엇을 생각할지, 무엇을 가졌다고 확신하고 주장할지를 선택하는 자유는 하나님이 우리에게 주시는 선물이다.

이 말은 이렇게도 표현할 수 있다.

제1원인인 하나님은 모든 사람에게 무엇이든 그가 선택하는 그대로의 환경을 만들어내는 힘과 능력을 주셨다.

원인과 결과에 따른 수확

도토리 한 개를 심으면 참나무를 얻는다. 그리고 옥수수 한 알을 심으면 옥수수 한 그루와 많은 옥수수 알을 얻는다. 우리는 우리가 의식적으로나 무의식적으로 확언하고 주장하며, 습관적으로 선언하고 기대하는 것의 결과물을 얻는다. 다시 말해 '뿌리는 대로' 거둔다.

그러므로, '나는 ……이다, 나는 ……해야 한다, 나는 ……할 수 있다'라는 씨를 뿌려라. 그러면 우리가 이미 어떠어떠한 존재이므로 그러한 존재가 되어야 하고, 그러한 존재가 되어야 하기 때문에 될 수 있으며, 그러한 존재가 될 수 있기 때문에 이미 그런 존재라는 사실을 깨닫게 된다.

이런 진리가 현실로 나타나면, 제1원인이 가지고 있는 모든 힘과 통제권을 우리가 부여받았음을 어느 정도는 확실하게 이해할 수 있을 것이다. 주님은 우리에게 모든 것을 주셨다. 그 모두가 우리 것이다. 우리는 그저 마음의 손을 내밀어 받기만 하면 된다.

자기 자신이나 다른 사람을 위해 하나님께 기도하거나 확언할 때 위에 나온 구절이 그 기본 내용이 될 수 있다.

만일 다른 사람을 위해 기도하는 것이라면, 돕고 싶은 그 사람의 세례명을 말한 다음 의식 속에서 그들의 개인성을 완전히 지워버려라.

길을 찾는 방법과, 진리이며 삶인 것은 바로 우리 안에 있다. 그 사실을 묵상하며 생각이 흐트러지지 않도록 하라.

이런 사실을 분명히 마음에 새기면서, 우리가 생각하는 대상은 이미 우리 것임을 믿어야 한다. 이런 사실을 온전히 느껴야 하고 한편으로는 자신의 의식을 점검하면서 하나님의 본성과는 다른 무엇이 있는지 살펴보아야 한다. 만일 두려움이나 걱정, 적의, 시기심, 증오, 질투와 같은 느낌이 있다면, 다시 묵상으로 돌아가 하나님의 사랑과 순결함이 우리의 마음과 영혼을 포함한 모든 공간을 채우고 있다고 확언하면서 생각을 정화해야 한다. 하나님의 사랑을 아무 저항 없이 받아들이고, 우리는 하나님의 형상대로, 하나님과 닮은 모습으로 만들어졌음을 늘 기억해야 한다.

나의 존재 전체가 사랑과 완전하게 결합되었다는 느낌을 제외한 다른 모든 생각과 느낌을, 의식에서 모두 없애버렸다고 느낄 때까지 생각을 정화해야 한다.

그럴 때만이 현실로 나타나기를 바라지 않는 모든 것을 자연스럽게 거부할 수 있다. 이 단계까지 이를 수 있다면, 그 다음에는 거부하는 마음 대신 "우리는 하나님의 형상대로 만들어졌으며, 처음 생각의 틀을 만들면서 이미 소망을 이루었다"라는 분명한 생각이 자리를 잡는다.

기도를 마치는 마음가짐

우리는 완전한 자유를 어떤 식으로든 방해하려는 모든 것을 기도를 통해 지배할 수 있으며 그렇게 해서 삶을 더욱더 충만하게 즐길 수 있다. 이러한 진리를 늘 인식할 때 우리는 힘의 지배자가 된다.

우리는 왕의 자녀로 이 힘을 인식하고 받아들이고 사용하는 것이기 때문에 지배력은 우리의 타고난 권리이다. 이 위대한 진리의 불빛이 우리 의식 속으로 밀려들어옴을 느끼면, 창조자와 그의 창조물은 하나임을, 창조자는 자신의 창조물을 통해 계속해서 창조하고 있음을 이해하게 된다. 그 사실에 진심으로 기뻐하면서 영혼의 수문을 열어두라.

기도는 애원함으로 응답받는 것이 아니다. 만물의 창조자는 우리를 통해 분명히 작용하고 있으며 그 작용은 완전하게 이루어져야 한다는 사실, 우리 마음은 하나님의 뜻이 작용하는 중심이라는 사실을 늘 습관적으로 확신함으로 응답받는다. 이런 사실을 즐거이 확신하면서 기도를 마쳐야 한다.

생활에 적용하고 실천하는 방법

5분 동안 정신과학의 이론을 읽고 공부했다면 그렇게 얻은 지식을 사용하고 삶에 적용하는 데 15분을 할애해야 한다.

1. 매일 1분씩은 기도가 응답받기 위해 지켜야 하는 세세한 사항에 대해 신중하게 생각해본다.

2. 매일 15분씩 두 번은 소망하는 것에 대한 생각을 지속하는 연습을 해본다. 마음으로 소망의 그림을 그리기 전에 그에 대한 생각을 얼마나 오랫동안 유지할 수 있는지 시간을 기록하고 또한 마음속에 영상을 그릴 때 얼마나 생생한지도 기록해야 한다. 정신적 감각도 육체적 감각과 마찬가지로 다양하게 훈련할 수 있다.

3. 매일 정오와 1시 사이에 5분씩 시간을 내서 부의 새로운 요소들을 마음속으로 찾아본다.

잊지 말아야 할 것들

가장 위대한 정신과학자이며 인간의 모습을 하신 예수 그리스도는 우리에게 모든 것이 가능하다고 말씀하셨다.

또한 "내가 할 수 있는 일은 너희도 할 수 있다"라고 말씀하셨다. 이 말은 진실일까?

예수는 스스로를 우리 인간보다 더 신성하다고 주장하지 않으셨다. 예수는 모든 인간을 하나님의 자녀로 선언하셨다. 그리고 예수 또한 그 원칙에서 벗어나지 않으셨다. 예수가 지닌 힘은 개인적 노력을 통해 이루어졌다. 예수는 우리가 스스로를 믿는다면 우리도 당신과 똑같이 할 수 있다고 말씀하셨다. 물리적 행동이 동반되지 않는다면 아무리 위대한 사상이라도 가치가 없다. 하나님이 관념을 주시고, 인간은 그것을 물리적인 단계에서 성취한다.

정말로 가치 있는 것은 만족뿐이다. 그리고 스스로를 다스릴 수 있을 때 비로소 만족을 경험한다. 영혼과 육체는 하나다. 마음의 만족은 영혼의 만족이며, 영혼의 만족은 육체의 만족을 의미한다.

건강을 원한다면, 신체뿐 아니라 모든 것과 모든 사람에 대한 우리의 생각을 살펴보아야 한다. 의지를 가지고 그 생각들을 소망에 집중하고, 그 생각들에 따라 행동하라. 그러면 생각과 조건들을 지배하는 모든 힘이 우리에게 주어진다는 사실을 이내 깨닫게 될 것이다. 하나님의 존재를 믿는다면 하나님이 행하시는 데 물리적인 도구로 쓰시는 자신의 존재를 믿어야 한다. 우리가 생각과 행동의 부정적인 성향을 정복할 정도로 충분한 자제력을 가지고 있을 때 절대적인 지배권은 우리 것이 된다.

스스로 매일 이런 질문을 해보자.

"나를 이곳에 있게 한 힘의 목적은 무엇인가?"

"나는 내 안에 생명과 자유를 얻기 위해 어떻게 작용해야 하는가?"

이에 대한 해답을 생각해보고, 그 해답을 실현하기 위해 끊임없이 애써라. 우리는 우리 자신에게 하나의 법칙이 된다.

만일 자신에게 어떤 일을 과하게 하거나, 과하게 먹고 마시거나, 불행을 환경 탓으로 돌리려는 성향이 있다면, 밖으로 나타나는 모든 힘은 우리 자신의 것이라고 확신하면서 그러한 성향을 극복해보자. 덜 먹고, 덜 마시고, 상황을 탓하는 일을 줄여보는 것이다. 그러면 가장 나쁜 것이 존재하는 듯하던 그곳에 점차 최고의 것이 자리 잡기 시작할 것이다.

의지만 있다면 사용할 수 있는 모든 것은 우리 것임을 늘 기억하라. 하려고만 한다면 할 수 있다. 하려고 한다면 할 것이다.

하나님 아버지는 우리에게 주시기로 한 것을 남김없이 베푸신다. 경건한 마음으로 그것을 이용해야 한다.

처음 정신과학을 공부하고 증거할 때 큰 성공을 거두는 이유는 내면의 힘을 발견했을 때의 기쁨과 열정이 나중에 그것을 이해했을 때보다 더 크기 때문이다.

이해가 깊어질수록 기쁨과 열정도 키워나가라. 그러면 그에 따른 보답을 받을 것이다.

::옮긴이의 말
내 안에 사는 즐거움

 거대한 세상 속에 아주 작은 존재인 내가 있었고, 갖고 싶은 것이 있을 때면 지체 없이 세상을 향해 눈을 돌렸다. 언제나 바깥세상을 상대로 온몸에 힘이 빠지도록 정신없이 싸움을 벌였다. 하지만 시간이 지나고 나서 생각해보면, 그 수많은 발길질과 주먹질로 내가 얻은 것은 아무것도 없었다. 그리고 내게 무엇인가를, 그 무엇이라도 주었어야 할 대상은 모습조차도 분명치가 않았다.

 이 책을 번역하면서 내 무의미한 노력을 멈춰야만 하는 이유를 비로소 알았다. 세상 만물을 만들어내는 힘은 바깥세상이 아니라 바로 내 마음의 중심에 있었다. 위대한 생명력, 위대한 창조의 힘을 소유하고 있으면서도 그걸 알지 못하고 이토록 약한 나를 지켜야 한다는 착각 속에서 허덕였던 것이다.

어쩌면 우리 머릿속에는 뭔가를 이루려면 당연히 고되고 오랜 과정을 거쳐야 한다는 생각이 뿌리깊이 박혀 있는지도 모른다. 하지만 저자는 원하는 바를 이루는 일은 쉽고도 간단하다고 이야기한다. 소망 그림을 마음속에 단단히 간직하고 굳건한 믿음을 잃지 않는다면 내가 바라는 바 그대로 이 세상에 나타날 거라고 말한다. 그렇게만 한다면 내 안에 존재하는 창조의 힘이 모든 것을 이루어줄 거라고…….

누구나 행복한 삶과 세상의 온갖 좋은 것을 원한다. 무언가를 원하는 것 그 자체는 정당하고 정당하다. 하지만 내 안에 있는 위대한 생명력을 외면하는 것은 어리석을 뿐 아니라 정당하지도 않다. 내 마음은 창조의 힘이 작용하는 중심이다. 이 세상에 존재하는 가장 좋은 것은 무엇이든 내 것이다. 이제 나를 행복하게 해줄 진정한 힘이 어디에 있는 줄 알았으니 그곳만 바라볼 일이다. 창조하는 영이 내게 불어넣어준 위대한 창조의 힘을 충만한 기쁨으로 이용해보고, 달콤한 결과물을 음미해볼 일이다.

 독자들에게 이 책이 알라딘의 마술 램프, 한번 휘두르기만 하면 무엇이든 나온다는 도깨비 방망이를 발견한 기쁨이 되길 바란다. 그리고 내 안에 존재하는 창조의 힘에 대한 믿음, 내 마음의 움직임으로 무엇이든 이룰 수 있다는 믿음을 의심 없이 간직하길 바라고, 그 믿음이 시간이 가도 희미해지지 않길 바란다. 이 책에서도 얘기했듯, 나를 이곳에 있게 하고 나를 통해 이 세상을 창조하신 절대자가 구함으로 이미 얻었다고 약속해주셨으니 믿지 못할 이유가 무엇일까.

 "믿음은 바라는 것의 실상이요 보지 못하는 것들의 증거이다."

2007년 12월

이순영

옮긴이 **이순영**
고려대 노문과, 성균관대 대학원 번역학과를 졸업했다.
현재 전문번역가로 일하고 있다.
옮긴 책으로 『여기가 끝이 아니다』『희망과 지혜를 주는 101가지 이야기』(공역)
『사랑과 용기를 주는 101가지 이야기』『가난한 마음 마더 데레사』『숲에서 생을 마치다』
『6일간의 깨달음』『세상은 왜 나만 못 살게 굴까』 등이 있다.

보이지 않는 힘

1판1쇄	2007년 12월 22일
1판4쇄	2023년 2월 3일

지은이	주느비에브 베런드
옮긴이	이순영
펴낸이	김정순
기획·책임편집	이주엽
펴낸곳	(주)북하우스
출판등록	1997년 9월 23일 제406-2003-055호

주소	04043 서울 마포구 양화로 12길 16-9 (서교동 북앤빌딩)
전자메일	editor@bookhouse.co.kr
홈페이지	www.bookhouse.co.kr
전화번호	031-955-3123
팩스	031-955-3121

ISBN 978-89-5605-217-5 03320